少年の「問題」／「問題」の少年

逸脱する少年が幸せになるということ

松嶋秀明

新曜社

まえがき

本書は、学校を舞台とした、少年法がいうところの「非行少年」(「虞犯少年」「触法少年」「犯罪少年」)と、その一歩手前、半歩手前にいる少年たちと、彼(女)らに関わる大人たち(学校教師、カウンセラー、警察職員など)のナラティブ(=物語)です。

「ヤンチャ」「ヤンキー」「不良」などと形容される彼(女)らは、「やりたい放題」やっているようにみえます。授業中に勝手に教室から出ては校舎をブラブラし、廊下に座りこんでダベり、スマホをさわり、校舎のはずれでタバコを吸い、大人が目をはなすと校舎の屋根によじのぼって大声で騒ぐ。学校にはほとんど姿をみせず、公園やゲームセンターで目撃情報があるため、教師から「怠学」のレッテルをはられる。そんな少年たちです。そんな彼(女)らですが、関わってみるとすぐに彼(女)らの多くが家庭的に恵まれなかったり、発達障害その他の問題をかかえ、少なからず過酷な少年時代をすごしつつ現在にいたっていることがわかってきました。

こうした二重性をもつ少年への支援を考えていくうえで重要なキーワードとして、「レジリエンス」があります。定義はひとつに定まりませんが「困難あるいは脅威的な状況にもかかわらず、うまく適応する過程、能力、または結果」(Masten, Best & Garmezy 1990)が一般的です。おおむね「大きな脅威や深刻な逆境にさらされること」と、「良好な適応を達成すること」という2つの条件を満たすことが必要といわれます(庄司 2009)。レジリエンスの定義自体、2つの出来事を、逆説でつないだ一種のナラティブといえます。その背後には「大きな脅威や深刻な逆境にさらされる」ことは「適応を悪くする」というストーリー（「リスク」の物語と呼びましょう）がみえかくれしています。非行に走っている彼（女）らは、ある意味、良い適応を果たしているとはいえません。世間では、逆境に生きつつ、非行に走った少年らを「グレるべくしてグレた」と形容するかもしれません。「レジリエンス」概念は、こうしたリスクのナラティブを覆すポテンシャルをもっています。

ところで、少年たちのレジリエンスとは何でしょうか？「更生すること」「立ち直ること」でしょうか？「さらば青春の光」（2015）というお笑いコンビのコントのひとつに『更生』というものがありますが、このコントは更生について考えるための重要な材料となりますので、ここでみなさんと共有させてください。

コントは卒業生Aの職場を、もと担任が訪れるところからはじまります。Aは高校時代は札付きの悪でしたが、この恩師の指導のかいあって更生し、いまは安月給ながら家族を支えるために頑張っています。Aは最初「先生のおかげです」と感謝の言葉を述べていましたが、恩師が「更生させることができなかったやつ」について話すにつれて、だんだんと複雑な表情をうかべるようになっていきます。恩師が更生させられなかったという生徒たちは、いずれもAと深いつながりがありました。一人はAがケンカで負けたことのなかったカワイ、暴走族の総長としてバイクの手ほどきをしたイノウエ、残りはAがリーダーをつとめたヒップホップのバンド仲間でした。なんとカワイはプロボクサーとして頭角をあらわし、世界タイトルマッチを控えています。イノウエはオートレーサーとして賞金王になりました。Aが抜けたバンドはいまや大人気グループに成長しています。もし、あの時、更生せずに仲間と一緒にいたなら、Aも今頃は成功の人生を歩んでいたかもしれない。そんなムードが会場をつつみはじめます。突然、担任は「ごめんな・・更生させて」と謝罪して、「先生のこと恨んでるか?」と問いかけます。Aの顔はますます険しくなって「・・はい」と苦々しく答えます。

もちろん、これはあくまでコントですが、私には重要な点をついているように思えます。更生するのは誰のためでしょう。社会に安全をもたらすためでしょうか? カプラン(Kaplan 1999)はレジリエンスという概念の限界として、「結果として出てきたものが望ましいものでなければレジリエンスとは数えられない」という点をあげています。もちろん、犯罪や、反社会的な行為を繰り返しているよりは、そういうことをしない方が幸せに暮らしやすいだろうと思います。だから、立ち直るためにはどうしたらいいのかについて考えることは大事です。しかし、それはあくまでも幸せになるための手段であって目的ではないと思うのです。

世間的には「問題」の少年たちは、実は、「問題」をかかえた少年でもあります。少年の「問題」なのか、それとも「問題」の少年なのか、少年への支援に関わっている私たちはともすると、両者をごちゃ混ぜにとらえてしまいます。本書で私は、レジリエンスを単に非行からの立ち直りではなく、少年自身が幸せに暮らしていけることとして考えていきたいと思います。そして、少年が立ち直るためには、私たちはどうすればいいかということをこえて、少年のレジリエンスを育てていくためには私たちはどうすればいいのかということを考えてみようと思います。

そのために本書では「学校」を舞台として、少年同士はもちろん、大人たちが少年とどのように関わっているのかということや、少年への支援のために、大人同士がどのように関わっているのかをフィールドワークを通して観察し、大人が少年との関わり、大人同士の関わりをどのような言葉で、どのように語るのかをインタビューをもとに聴きとった研究をとりあげます。少年と大人、あるいは大人同士の「関係性」に注目し、少年がおこす問題行動を中心にして、人々がどのように関係しあうのかを記述していくことになります。

まず、第1章では、反社会的な行動をおこす少年への世間の反応を、客観的な統計資料を参照しつつ対比的にみていくところからはじめます。そのうえで社会構成主義という認識論、それに基づいて展開されているナラティブセラピー、レジリエンスといった諸概念を紹介しながら、本書が前提とする理論的視座を提示します。

第2章から第6章にかけては具体的な研究をとりあげます。本書でとりあげるのは、画期的な新しい実践ではありません。ある意味「どこでもやっている」ような実践かもしれません。けれども、その実践を具体的、かつ、丁寧にみていくなかで、私たちのあり方について反省的にとらえなおしていくきっかけを提供したいと思っているのです。そのためにナラティブ・アプローチの方法論（例えば、やまだ 2000, 2007）にもとづいて、少年同士、少年と学校の先生、学校の先生同士の関係、学校の先生と外部の専門家といったように、多層な人間関係をあつかっています。

まず、第2章では、中学校で「生徒指導主事」という役職をつとめているか、かつてつとめたことがある先生に焦点をあてます。生徒指導とは多くの人が知っているようでいて、その実、あまりよくわかっていない職種です。

一般に「生徒指導の先生」というと、強面で、力が強く、声の大きな先生といったイメージを思い浮かべる人も多いでしょう。非行やいじめといった、一部の生徒だけに関わっていると思っている人も多いかもしれません。実際には生徒指導とは、先生だったら誰でもできなければならないものですし、あらゆる生徒を対象にしたものです。「生徒指導主事」というのは、そのなかでも、学校中の先生たちをたばねて指揮し、フォローすることが求められる責任重大なポジションです。このようなポジションにいる先生から日頃の実践について語ってもらいつつ、非行生徒を正しい方向に導くとはいったいどういうことなのか、先生たちはどんなことを考えてその仕事を遂行しているのかを知るところからはじめましょう。

第3章、第4章ではいわゆる「連携（= Collaboration）」がテーマとなります。第2章で焦点をあてたのは「個人」としての先生ですが、実は、学校というのは組織対応が重視される場所です。連携といってもさまざまな側面があります。第3章ではスクールカウンセラーを含めた学校の先生たちが、ひとつの学校のなかでどのようにつながり、まとまるのかに焦点をあてます。ある学校において「支援チーム」が立ち上がってから軌道にのるまでの1年間のプロセスを追うことで、個々バラバラだった先生たちが「チーム」となって支援する体制がいかに築かれたのかを記述していきます。チームになるまでのメンバー間におこる葛藤とそれが意味するところについて考えます。

第4章では、警察と学校との連携に焦点をあてます。警察と学校という異なる組織が、非行生徒への関わりという共通の目的のためにどのようにつながることができるのかをみていきます。警察といえば、ともすれば生徒の「逮捕」など、学校から非行的問題行動を排除するパワーを増強するものとみられます。警察と学校とが連携することは、本当にそういうパワーの増強だけを学校にもたらすものなのかということについて、警察や学校の先生へのインタビューや事例研究を通してみていきます。第5章、第6章は、私が研究者として関わった、ある「荒れ」た中学校の3年間の記録がもとになっています。ひとつの事例のなかで、これまでの章で検討してきたことが総合的にどのようにいかされるのかを、「学校とのつながり」などのキーワードを補助線としつつ明らかにしていきます。第5章では1年生時点での学校の「荒れ」の様相と、それが落ち着いていく過程を追いつつ、落ち着きを次第にとりもどしていく過程において、一般生徒や教師がどのような相互作用をもってきたのか、そのなかで非行的生徒がどのように教師との関係をとるにいたったのかを記述していきます。続く第6章では、アキとコウヘイという二人の非行生徒のとった軌跡を追いつつ、同じような出発点をもっていたはずの二人が、どのようにして違う結果をうみだしたのかを明らかにしていきます。

最後に第7章では、このような具体的な研究を通して私たち大人と少年との関係性の諸相を理解しなおし、私たち大人は非行的な少年たちが幸せになることを目指して、どのように関わることができるのか、総合的に考察していこうと思います。

目次

第2章　教師は生徒指導をどのように体験しているのか？——21

第4章 「問題」生徒をかかえる学校―警察連携 85

第5章　学校の「荒れ」と反社会的な問題行動をする生徒たち

装幀＝新曜社デザイン室

付表：本文中に提示されたトランスクリプト内の記号

あの―、だから―	直前の音（この場合、「の」「ら」）がひきのばされたことをあらわす。
(　　)	筆者からの補足。
hh	笑いがおこっていると解釈できる呼気音。
＜n 秒沈黙＞	何秒かの沈黙がおこったことを示す。
((　　))	聴きとれない発話。
A: というわけ [だから]	[　] の部分で、2人の話者の発話が重なっていることを示す。
B: [いや] それは	

第1章 反社会的な「問題」行動をする少年をどのように支えられるのか

第1節　少年問題の個人化

少年に厳格に接することを求める社会

凶悪犯罪はもちろんのこと、少年がおこす反社会的な行動に対する、世間の風当たりは年々厳しくなっています。２０００年の少年法改正（いわゆる「少年法の厳罰化」）以来、司法における少年への処遇は厳格になっています。教育現場では、いくたびかの少年による事件をうけて、学校教育へのてこ入れをうたったさまざまな提案がなされています。「毅然とした指導（＝ゼロ・トレランス方式）」の導入を提案するといったように、生徒の逸脱に対して厳しい態度でのぞむという方向性です。

こうした方針は、世間の人々の反応に呼応しています。内閣府が5年ごとにおこなっている少年非行に関する世論調査（内閣府 2015）によれば、非行からの立ち直りのために学校がすべきことの上位

3つは「家庭との連携を密にする」「児童一人ひとりを理解する」「児童・生徒に対して毅然とした態度で接する」です。なかでも「児童・生徒に対して毅然とした態度で接する」に集まる支持は、ここ15年間で漸増しています。また、低い値にとどまってはいますが「非行をおかした児童・生徒には厳しく対処する」という回答を選択する人々も、着実に増加しています。つまり、学校内で反社会的行為をおこなうものへの、より厳格な対応が必要だとみなされるようになってきているのです。

こうした大人の反応は、少年がおこす犯罪に対する認識と呼応しています。同じ調査のなかで、大人たちは「重大な少年事件」は以前よりも増えていると感じていることがわかっています。これは客観的事実を反映したものとはいえません。

多くの研究（例えば、土井 2010、岡邊 2013）で示唆されているように、少年は昔よりも事件をおこさなくなっています。統計資料からみれば1970年代をピークとして、少年事件の数は減少しています。平成28年度版の犯罪白書（法務総合研究所2016）によると、刑法犯少年、つまり「暴力行為」「窃盗」「ケンカ」などで検挙された少年は減少しています。具体的には、平成28年の刑法犯検挙人員は約3万1500人で、10年前の約11万2000人の3分の1以下です。少子化の影響をさしひいても激減といってよいでしょう。

再犯率は高まっているともいわれます。ここで注意しなければならないのは、これは私たちがイメージするような、ひとたび検挙された少年が再び検挙されるにいたる割合のことではありません。正しくは再犯者率、すなわち1年間に検挙された少年のなかに、再犯少年が含まれる割合だということです。上述のような少年の検挙者数の減少に、再犯者の減少が追いつかない結果として、見かけ上の数値が高まっていると考えられています。問題ではないといったら言い過ぎですが、少なくとも、わが国がだんだんと凶悪化していることを示すものではありません。

学校での反社会的な問題行動についてもほぼ同様です。「暴力問題」に関して、平成28年度に文部科学省がおこなった「児童生徒の問題行動等生徒指導上の問題に関する調査」（文部科学省 2016）では、学校内外でおこる暴力問題は、小学校で1000人あたり3・3件、中学校が8・4件、高等学校で1・6件が発生しています。中学・高校における発生率は平成24〜28年の5年間の推移をみても、同程度か減少傾向（中：9・7→10・4→9・4→9・0件、高：2・5→2・4→2・1→1・8→1・7件）にあります。

もちろん、増加傾向にあるものもあります。小学生のおこす暴力行為（1・1→1・5→1・6→2・4件）は増加しています。その背景として都道府県の教育委員会は「同じ児童が繰り返し問題をおこす」ことや「感情をうまくコントロールできない児童が増え、ささいなことで暴力にいたってしまう」ことをあげています。対応面でも、小学校では、従来から学級担任の指導が重視されてきましたが、担任が対応しきれない児童も多いことから、チームでの対応が重要視されるようになってきています。

ただし、こうした暴力事件の増加は、これまでおとなしかった子どもが暴力をふるうようになったということを必ずしも意味しません。平成24年に「いじめ防止対策推進法」の制定など、いじめや問題行動を以前よりも積極的に把握し、対応しようとする流れができたことも少なからず影響していると思われます。実際、「いじめ」の定義はより広い意味をもつものに変更され、学校認知件数も従来の2～3倍になりました。つまり、学校の先生にとって対処すべき「問題」とされるものが増えたわけです。良い悪いに関わりなく、社会から暴力的なものは許容されなくなってきています。それは学校でも同じです。

非行少年と社会的排除

広田照幸と伊藤茂樹（広田・伊藤 2015）は、社会学者のジョック・ヤングの「排除型社会」についての議論（ヤング 2007/1999）を参照しつつ、少年が2つの意味で「他者化」されているといいます。ひとつは「保守的な他者化」です。これは非行少年の存在を「悪魔化」し、懲罰にかけたり排除すべき対象とみなした施策につなげるものです。もうひとつは「リベラルな他者化」で、これは少年を、私たちがもつような素質や美徳が不足した人物だととらえます。そこで、この立場では教育したうえで社会復帰させるという施策に結びついています。包摂を推奨する議論に似ていますが、無条件にではないという意味では違います。

日本で顕著なのは「保守的な他者化」でしょう。２０１１年に滋賀県でおこった、当時中学校2年生だった男子生徒がいじめを苦にして自死するという事件、２０１５年に川崎市で当時中学校1年生だった男子生徒が、陰惨なリンチをうけて死亡するという事件では、加害者の少年は「悪魔化」してとらえられ、懲罰にかけたり排除すべき対象とみなされていました。メディアがセンセーショナルにとりあげ、いくら叩いてもよいとばかりの世論がたちあがることも、それに一役かっています。少年たちへの世間の反応には、少年に対する「寛容性」が感じにくくなっています。このような社会の論調にみる寛容性の欠如は、多くの論者が共通して指摘しています（例えば、Liu & Miyazawa 2018; 岡邊 2013）。岡邊（2013）は「今日の日本社会には、犯罪・非行や逸脱行動に関わった人々に対して、彼らの自己責任を強調したうえで、反省、制裁、排除を求める社会的圧力が、以前よりも高まっている」が「そのような対応は……問題をより深刻にしてしまう可能性がある」と指摘しています。

しかしながら、非行に走ることは、少年の自己責任とは言い切れません。上述の岡邊（2013）の主張も、非行少年には養育環境、学力といった点において偏在性（かたより）があるという調査結果に基づいた主張です。非行臨床の立場からも、多くの非行少年が「加害者」であると同時に「被害者」であるという指摘があります（橋本 2004; 藤岡 2001; 高嶋・須藤・高木ら 2007）。実際、少年院では約半数（古田 2002）、児童自立支援施設では6割強（国立武蔵野学院 2000; 全国社会福祉協議会 2009）の入所者が過去に被虐待歴があります。障害のない子どもに比べて、ある子どもへの虐待は3・4倍にのぼるという指摘（Sullivan & Knutson 2000）や、わが国でも発達障害がもつ障害特性のみならず、劣悪な家庭環境、虐待的養育環境といったものが渾然一体となって非行化へのリスクを高めているということが明らかにされてきています（北・田中・菊池 2008; 杉山 2007; 松浦・橋本・竹田 2007）。

岩田（2013）は、児童自立支援施設および少年院に在籍している少年が、家族や教師といった大人との関わりがどのようであったととらえていたのかを調査しました。その結果、少年たちは概して親とのコミュニケーションが十分にとれておらず、もっとも大事な人でありつつも会いたくない人でもあるといったアンビバレントな反応が目立っています。また、友人関係では親友と呼べる人がいると答えるものも多い一方で、学校では気のあう友達がいない、仲間はずれにされるといったような否定的な関わりだったととらえていることがわかりました。

非行の背景にあるとされる貧困問題についても、同じように社会的排除が指摘できます。子どもの貧困をめぐっては、①低学力の問題、②社会情動面での未発達に注目が集まっています。①についていえば、それはそのまま非行化のリスクともなります。児童の算数学力テスト得点が子どもの努力（＝家庭学習時間）よりも家計所得や学校外教育費投資等の社会的階層要因に左右されること（耳塚 2007）もわかっています。一方②では、貧困が、家庭や友人関係などのつながりの希薄さに結びつくという指摘があります。例えば、阿部彩（阿部 2008; 阿部他 2011）は、貧困層の子どもはしばしば友人との関係性が希薄であると指摘しています。もちろん、貧困であるからといって非行に走らない少年もいるわけですが、こうした知見は、非行少年の生きづらさを物語るでしょう。

総合すれば、非行少年を排除する風潮は高まっています。少年自身は自分の努力ではいかんともしがたい環境的な不利に直面しており、そのことが非行化のリスクも高めているのです。現代的な様相を呈する少年犯罪が目立つことはあっても、基本的に非行少年の大多数を占めているのは、昔から、こうした社会的な排除のさなかにある少年たちです。社会もまた変わる必要があるといえるでしょう。

もちろん、社会は一朝一夕には変わりません。具体的に、何をどのように変えたらいいのかということを考える必要もあるでしょう。前述の広田と伊藤は、社会が変わる必要性を認めつつも、一時的にであれ少年を「私たちがもつような素質や美徳が不足したもの」として、教育の対象とすべきであるというスタンスをとっています。施設にいるうちに教育を施すことで、ある程度は彼（女）らにも

「私たちの一員」となってもらう準備をしてもらう必要があるというわけです。これは「少年院での教育」の意義について論じるなかで出された論点ですが、もう少し広く考えれば、学校など、日々非行的な生徒と相対している大人の関わり一般にも通じます。

少年問題の「個人化」が見落とすもの

アメリカで情緒障害をもつ子どもたちを集めた治療施設をつくったブルーノ・ベッテルハイムの主著のタイトルは『愛はすべてではない（*Love is not Enough*）』（ベッテルハイム 1968/1950）です。困難をかかえる子どもと接するにあたって愛情を与えることはなにより重要です。しかし、同時に、このタイトルのとおり、こうした少年に対するにあたって愛情をかけるだけでは十分ではありません。言葉を換えれば、愛情をかけ続けるためには愛情以外の何かが必要なのです。虐待や不適切な養育にさらされて育った少年は、安定した人間関係を継続していくことでも困難なことがあります。彼（女）らの多くは専門の施設においてすら「処遇困難」です（坪井 2005; 大原・楡木 2008ab; Ohara & Matsuura 2015; 大迫 2003ab）。激しい行動化に翻弄され、大人が途中で投げ出してしまい、かえって彼（女）たちを深く傷つけてしまうことすらあります。

ここでの愛情以外の何かとは、少年たちを深く知的に理解するということです。例えば、臨床心理学や精神医学の診断やアセスメントはそのひとつです。反社会的な問題行動をおこす少年の多くに、虐待のトラウマをかかえた子どもたちがいることを考えれば、ＤＳＭ－５にあてはめて「反応性アタッチメント障害」「脱抑制対人交流障害」「複雑性PTSD／DESNOS」といった診断がくだされることは、少年に対応するための適切な方針を導くうえで重要です（例えば、森田・鈴木 2007）。また、介入方法としても、トラウマ志向CBTや、EMDRといったトラウマを標的とした治療技法は、今後ますます注目されるでしょうし、アサーショントレーニング、アンガーマネージメント、ソーシャルスキルズトレーニングなどもまた重要です。

ただし、こうした知識を駆使することにも落とし穴があります。子どもがおこす問題行動を、医学的診断と結びつけて理解しようという発想は、子ども問題をあつかう歴史家キャサリン・ジョーンズ（2005/1997）によれば、アメリカの「児童相談（child guidance）」にみることができます。精神科医のウィリアム・ヒーリーを中心として「問題のある子ども」を救済するため、ソーシャルワークや精神科医のチームによって科学的に、多面的に子どもの特性を明らかにすることの重要性が主張されました。

「児童相談」とは、訳者である小野善郎によれば、わが国の「児童相談所」が当初モデルとしたものですが、医師の位置づけがあいまいになっているわが国のそれよりも医学色が強いものです。この運動は、非行少年の問題の「個人化（医療化）」につながりました。ジョーンズは以下のように述べています。

「…アメリカでの児童相談は非行についての研究を通して、非行や問題行動は地域社会の責任ではなく社会構造を変革する必要はないという見解を示してきました。そのかわりに、児童相談は既存の社会環境に適応する必要性や具体的な方法を子どもに教えるという方法を用いてきました。・・・行為障害に対する今日の対応の大部分は個人療法に基づいていて、それは児童相談家たちがのこしたものなのです」(p.6)

ジョーンズの指摘にもあるように、医療との連携によって救われる子どもがいるのは確かですが、その一方で、現在の社会構造はそのままに、不適応におちいった人々を治療していくべき対象としてみることにもつながります。いわゆる「医療化」です。コンラッドとシュナイダー（Conrad & Shneider 2003/1992）が指摘するように、不登校や非行といった、もともとは教育問題だったり、なにか医療とは違うところの問題だと思われたことが、障害（病気）としてみられるようになっていくことを「医療化」といいます。

例えば、わが国の「発達障害」をめぐる状況にも「医療化」の流れをよみとることができます。児童精神科医の田中康雄（2011）は、ＡＳＤやＡＤＨＤなど「発達障害」をもつ子どもたちが、学校でなかなか受け入れられず、生きづらさを感じている現状を変えようと啓蒙に尽力してきたものの、いまや教育現場が医学診断を正統、かつ絶対の基準として対応するように変わりつつあるのを目の当たりにして、それが教育現場に与えるデメリットが目につくようになってきたと危惧しています。手助けが必要な学校がこれまでもってきた価値観やアプローチの根本はそのままに、そのなかにいる子どもの不適応の原因として「発達障害」を見出し、そうした困難をなんとか乗り越えるための方法を教えるものとして医学的知識が用いられるようになったのです。近年、日本でも注目されているユニバーサルデザインも、従来型の教室でついていけない子どもをなんとかするための方策としてのみ用いられるとしたら、本末転倒です（赤木 2018）。

「問題」が問題であって、人が問題ではない

少年の障害や病理への理解は重要ですが、それが唯一の道ではありません。○○障害があることと、それが（どのような意味においての）「問題」であることとの〈間〉、あるいは「問題行動」をおこすことと、それが周囲にとって「対応困難」となることとの〈間〉でおこっていることに目を向ける必要があります。

マイケル・ホワイトは「人も人間関係も問題ではない。むしろ、問題が問題となる。つまり、問題に対する人の関係が問題なのである」（White & Epston 2017/1990, 邦訳 p.55）といっています。彼はナラティブセラピーの創始者として知られています。上記の言葉は、ナラティブセラピーの基本的スタンスをあらわしたものです。「問題が問題」だなんて、なんだか言葉遊びのように感じられるかもしれません。「当たり前」だという反応もありそうです。でも、これは私たちが「問題」をおこす子どもに関わるときには、決して「当たり前」ではありません。

例えば、ある生徒Aが授業を抜け出していたところを、偶然みつけた一人の教師から強く叱責されたことに腹をたてて「先生を殴った」という事件があったとします。当然「問題」になります。私たちはその生徒がなぜそんなことをしたのかと考えるでしょう。その際、その理由として「親の愛情

をうけて育ってないから寂しいんじゃないか」「父親から殴られて育っているから、不満は暴力で解決できるというモデルをとりいれているんじゃないか」といったように家族の育て方を問題にしたり、「普段から、衝動的な行動が多い」「自己肯定感が低い」「昔から育てにくい子だった」といったように本人の特性に帰属したりすることが多いのではないかと思います。

臨床心理学や精神医学の世界になれると、上記のような考え方は「当たり前」に思えてきます。読者のみなさんの多くも、おそらく最初はそうではなかったでしょう。でも、次第にそうなっていくのです。ホワイトは私たちがセラピストや教師など、専門職として熟達していく過程において、この道に入るまでの自分ならごく普通だと思っていた考え方が誤りか、あるいは未熟なものであることに気づき、専門家が考えるような筋道で考えられるように努力しはじめるといっています（White 2004/1997）。ここでのポイントは、そのような専門家の見方は必ずしも考え方が進歩したということではないということです。

実際、そのような説明の仕方をしなくてもA君の行動を説明することはできるはずです。A君がさぼっていたのは本当だとしても、A君なりにそのうち教室に戻ろうと考えていたかもしれません。そこに普段から信頼のおけないと思っている教師から、いきなり授業をサボっていると決めつけられたことに腹をたてたのかもしれません。朝、父親からひどく叱責され、とても授業に入っていられないような最悪な気分だったところに、いきなり叱責されてパニックになったのかもしれません。もちろん、いかなる理由であっても人を殴ってよいことにはなりません。けれども、ともかくも、このような説明のなかにはA君のなかにある「真実」が少なからず含まれていると思えてなりません。

マイケル・ホワイトは上記のような診断基準による本人の記述を、「うすっぺらい記述」と呼んでいます。これは人類学者のクリフォード・ギアツ（1987/1973）がいう「ぶあつい記述」と対比的な意味をもつ言葉です。ギアツは、例えば、人々の行動を映像で記録したとしても、そこに「意味」はうつらないといいます。ギアツがつかっているエピソードに即していえば、例えば子どもがウィンクするのは、いたずらをしかける目配せかもしれないし、単に目が痛かったのかもしれません。「意味」というのは、行動だけでなく、その行動がおかれた文脈をこみにして、その場にいる人が主体的に読み取るものなのです。A君が、授業中に廊下にいたという行動も、叱責した教師を殴るという行動も、それ自体には意味はありません。意味はそれを見聞きした私たちが読み取るものです。

非行少年の「問題」とか「対応困難」というのも、「意味」にほかなりません。問うべきは、なんらかの障害なり、不幸な生い立ちなりが、非行の原因なのかどうかというよりも、私たちが出会っている少年が、どのようにして私たちにとって「問題」となり、「対応困難」という感覚を私たちにもたらすことになるのかということです。彼（女）らがなんらかの障害をもっていることや、不幸な生い立ちをもっているということが、私たちが日々の実践をしていくうえで、どのようにして、どのような意味をもたらしているのかということが問われる必要があるでしょう。

第2節　非行少年のレジリエンスを育てよう

レジリエンスは育てられる？

非行少年の「問題」や「対応困難」が私たちの意味づけを通したナラティブだとしたら、それは宿命ではなく、書き換えられるに違いありません。私が本章の冒頭で、本書が少年たちの「実態」や「記録」ではなく、「ナラティブ」だ書いた理由はそこにあります。グレるべくしてグレた少年という「リスクの物語」を覆して、レジリエンスの物語にかえていくことが求められます。以下では、レジリエンスについて、これまでわかってきたことを少し整理しておきましょう。

いくら「リスクの物語」を覆せるといっても、それは並大抵のことではないかもしれません。こうした物語は、ほぼ真実であるとみなされてきた歴史があります。例えば、「虐待の世代間伝達」は、そうしたリスクの物語のひとつです。この物語は、逆境にある人にとっては、いわば「呪い」のような作用をもたらします。以前、あるところで出会った若者は、実際に親からの虐待にさらされて育った過去をもっていました。彼はこちらが何も言っていないのに「どうせ僕はろくな親になれません」「虐待されて育つと、将来、虐待するようになるんでしょう」と冗談めかして言いました。私は、彼がどうしてそんなことを思うようになったのか非常に気になりました。学生に虐待について講義するなかでも、講義をうける以前から、少なくない学生が「虐待されて育つと、将来、虐待するようになる」という情報にふれていますから、彼もどこかでそれを聞いたのでしょう。

もちろん、それは事実ではありません。カウフマンとジグラー（Kaufman & Zigler 1987）による有名な研究では、「世代間伝達」はおよそ3割の子どもにしかおこらないことがわかっています。もちろん、これは適切なケアや教育をうけた場合には、という但し書きつきです。虐待をうけて育った人が、自らの子育てに困難をかかえるリスクについて過小評価すべきではありません。とはいえ、適切なケアや教育をうければリスクが下がるという希望もまた、見過ごすべきではありません。実際、リスクの物語により、先述の青年のように、虐待をうけて育ったことで、自らの将来設計を知らずしらずのうちに限定することもあるのです。

そもそも、レジリエンス研究自体、「リスクの物語」を検証するための調査がうみだした「副産物」です。エミー・ワーナーとルース・スミス（Werner & Smith 1982, 1992, 2001）によって、ハワイ州のカウアイ島を舞台にしておこなわれた、通称カウアイ研究は驚くべき結果をもたらしました。１９５５年にいくつかのリスク要因をかかえて生まれた７００人の赤ん坊を40年以上にわたって追跡した結果、ハイリスクであっても3分の1は、10代になったときに非行に走ったり、若年妊娠といった不適応におちいることはありませんでした。さらに、彼（女）らが30代をむかえる頃の調査では、全体の3分の2がレジリエンスを発揮していることがわかりました。この数値を多いとみるか少ないとみるかは人それぞれかもしれませんが、いずれにせよ、レジリエンスはそれほど特異なことではないことを示しています。

レジリエンス研究の一部には、レジリエンスを個人特性としてみる研究がありますが、大部分の研究では、こうした見方は否定されつつあります。個人特性としてみる見方では、レジリエンスを導くプロセスであったり、適切な介入のデザインを見失いがちです（Luther et al. 2000）。レジリエンスを発揮するというのは、何かのスポーツで、チームが優勝することに似ています。前評判のよいチームというのは、例えば、足がものすごく速い選手が何人いるとか、身体がものすごく大きい選手が何人いるといったように、客観的に把握できる力のあるチームです。レジリエンス研究でいえば、それはレジリエンスに結びつきやすいストレングスや保護因子の多さにあたります。ただし、評判どおりに優勝するチームが少ないことは周知のとおりです。保護因子が豊富にあるものはレジリエンスを発揮しやすいとはいえ、保護因子があるからレジリエンスに必ずたどりつけるとは限りません。「強いチームが勝つのではない。勝ったチームが強いのだ」といわれる所以です。勝ち進むプロセスにおいて、このチームがこんな力をもっていたとは想像だにできなかったというケースがあります。このときの「力」は、勝ち進むプロセスに関わるすべてのこと（周囲のサポート、チームのまとまり、時の運、勝負のあや）と一体であり、分けることができません。レジリエンスでも同様です。

レジリエンスは少年に幸せをもたらすか？

最近になってマステン（Masten 2016）はレジリエンスを「特定の（ダイナミカルな）システムが、その機能、あるいは生存や発達を阻害するものにうまく適応するためにもつ能力」というふうに定義しなおしています。これは初期の定義が、現象の記述レベルであったものに対して、近年の研究の進展にともなって、レジリエンスというものをダイナミックなシステムとしてとらえなおそうとするものです。こういう考え方は、ブロンフェンブレンナー（1996/1979）の生態学的発達の理論に影響をうけています。

マステンは入れ子状になった複数のシステムが互いに作用しあいながら、人のレジリエンスを支えているといいます。この定義の長所は、レジリエンスを個人レベルだけではなく、その個人が属する家族、学校などの社会システム、より大きな日本やアメリカといった独自の文化や歴史性をもったシステムといったように、生物学的なものから社会的なものまでを統合的にとらえることができるところです。非行少年や、反社会的な問題行動をする少年への支援を考えた場合にも、本人にいかにして力をつけて立ち直らせるのかといったことを考えるのではなく、家族も、学校も、地域もなけなしの力をもちより、あわせれば少年の人生経路をより良好なものにかえていく可能性があるわけです。このようなレジリエンスについての見方は「エコロジカルモデル」と呼ばれます。

とはいえ、エコロジカルな考え方には、実践面での疑問もあります。もしもレジリエンスがミクロな相互作用からマクロな社会構造にいたるまで、多くのレベルでの「良い」関わりを総合したものだとすれば、たくさんの支援者や、たくさんのリソースがあることは手放しで良いことだとなりそうです。個人としての生徒に、保護者、学校、児童相談所、警察、医療機関などいろいろな機関が関わった方がいいのは明らかに思えます。でも実際には、多くの機関が関わることは必ずしも幸せをうみません。機関同士で意見の相違がうまれてコンフリクトが生じることもありますし、学校のなかではスクールカウンセラーと教師の関係において、あるいは、教師同士の関係でだってそういうことはおこります。「たくさん支援者がいることはいいことだ」と、手放しでは喜べない現実があります。

マイケル・ウンガーは、レジリエンスを「重大な逆境のもとで、自らの幸福を維持するための心理的、社会的、文化的、そして身体的資源にかじとりする能力、およびそれらの資源が文化的に意味のある仕方で提供されるよう個人的にも、集団的にも意味を交渉する能力」(Ungar 2012) と定義しています。ここでは、レジリエンスを達成するためには、それに寄与するような物質的リソースがたくさんあることが大事であることと、そういうリソースにたどりつけるようにすることが求められる (かじとり) のと同時に、リソースを自分にとって役立つものとして意味づけること (交渉) が大事だとされています。この見方にそうならば、従来からいわれているリスクにしても、リソースにしても、ただそれがあるというだけでなくて、本人にとってそれがどういう意味をもっているのかを問うていくことなしには、適切な援助も何もない、ということになります。

ウンガーは先述のナラティブ実践の発想から多くを得ています。ナラティブ実践は、その背景として社会構成主義という「認識論」をもっています。認識論とは、この世界をどのようにみるのかという「ものの見方」です。この認識論にしたがえば、私たちが日々経験している「現実」とは、「言葉」(ナラティブもそのひとつです) を用いて、私たちがとりもつ関係性のなかでつくりあげられたものです。例えば、非行に走った、ある一人の中学生のことを、ある先生は「勉強ができないから授業に出るのが嫌でさぼっている」と言い、またある先生は「1時間の授業中座っていることができない」、保護者は「小学校5年生の担任が、あの子を目の敵のようにあつかう人だったから学校不信になった」ことを、それぞれの端緒としてとらえるといったように、一人の少年が非行に走ったのはどうしてかという問いへの答えもさまざまです。そして、どれが正しくてどれが間違っていると一概に決めることはできません。真実は、人の数ほどあるということです。

ただし、人々はどんなことを言ってもアリで、それらは永遠に交わることはないのかというと、そうではありません。「社会構成主義」という認識論は、あらゆる語りが、他のものと対等な立場で存在するということを前提にしながら、にもかかわらず、現実世界ではなんらかの語り口が力をもつのはどのようにしてか？を明らかにする舞台のようなものだと考えられます。

非行的な生徒が、授業をさぼって廊下にたまっているという語りと、入ろうと思っているけれども集中力が続かないですぐに廊下にきてしまうという語り。どちらかに白黒をつけるのではなく、〈あえて〉別の語り口もあると言ってみることで、どんな可能性が自分たちの前にひろがるのかということ。あるいは、もうこれしかないと思えるような最終的な結論めいた語りに出会ったときでさえ、そこには必ず別の語りが存在すると信じられること。それが大事です。ひとつの出来事に対してありうる語りのバリエーションを並べてみることで、ひとつひとつの要因をより多面的に、より深く知ることができるようになるのです。

ここにどのような支援が少年にとって有用かということや、大人同士の連携が、非行少年の立ち直りにとって望ましい変化をうみだすのかという問いの重要さが認識されます。本書では、反社会的な「問題」をおこす少年の立ち直りとは、当該の少年の個的な変化のみならず、少年の家族や、所属する学校などの諸システム全体の変化としてあらわれると考えます。

本書が前提とする視点

これまで述べてきたことを簡単にまとめておきましょう。統計資料などからもわかるように、わが国では、全体的に非行的な問題行動は減少傾向にありますが、私たち大人たちは、少年がより危険な存在になっているとみなすという矛盾を生きています。そして、誤ちを犯した少年たちを、再び社会の一員として迎え入れるという〈包摂的〉な姿勢ではなく、むしろこの社会からの退場を願うような〈排除的〉な姿勢を強めています。こうした傾向は、少年たちが虐待をはじめとして、障害、貧困といった、様々な逆境的な環境に暮らす存在でもあるということを考えあわせれば、理不尽な態度といえるでしょう。

もちろん、これまでにも心理学や精神医学は、こうした少年たちがおかれた逆境的な環境、被害者としての側面に注目してきました。多くの技法や実践も開発されています。それが少年たちにとって有益な変化をもたらすものであることは確かです。しかしながら、それは皮肉なことに、少年の問題を、社会の問題から、そうした社会の問題をうけて形成された「個人」の内面の問題へと矮小化してとらえることを進めることにも結びついてきているのも確かなことです。

「まえがき」でも触れたように、世間的には「問題」の少年たちは、実は、「問題」をかかえた少年でもありますが、少年の支援にかかわる私たちでさえ、しばしば、自分たちが、少年の〈かかえる〉「問題」か、それとも「問題」〈となっている〉少年なのか、どちらにむけて関わっているのかが曖昧になり、両者を混同して考えてしまいます。ナラティブセラピーの「問題」と人とを切り離してとらえる視点、あるいはレジリエンス研究、なかでもエコロジカルな視点、あるいは社会構成主義的な視点にもとづいて、少年の「問題」を少年自身から切り離し、「問題」を少年自身から社会全体の問題へとおきなおしていくことが必要になります。

上記のような観点から、少年個人の行動のみならず、少年と他の少年との関わりや、少年と大人との関わりを見ていくのはもちろん、大人が少年の「問題」をどのように語ることでつくりあげているのかといったように、少年の「問題」を起点とした関係性をできるだけひろくみていくという方針が導かれます。

少年の「問題」を、少年自身の問題としてのみならず、それをとりまく私たち大人、あるいは社会全体の問題とすることが必要と頭ではわかっていても、具体的にはどうするのかわからないのでは意味がありません。具体的な実践を丁寧にみていくなかで、そこで課題となっていること、例えば、少年と関わっていくうえでの困難事であったり、効果的な連携を阻害していることであったりをみることを通して、その実践がもっている意味について考え、潜在的な可能性に気づくための素材を提供したいと思います。それは、少年が立ち直ることをこえて、少年が幸せになるために私たちがどのように関わっていけばいいのかという、本書の問いへのヒントともなるはずです。

それでは、次章から具体的な研究をみていきましょう。

第2章 教師はどのように生徒指導を体験しているのか？

第1節 「生徒指導主事」という仕事

「生徒指導主事」という仕事

第1章では、学校で反社会的な問題行動をおこす少年に対して、本書がどのようなスタンスをとるのか説明してきました。かいつまんでいえば、それは少年がおこす「問題」を、少年個人の能力であったり、内面であったりがもたらすものとしてとらえるのではなく、少年とそれを取りまく周囲の環境との関係の総体としてとらえようということでした。

第2章では、学校で少年がおこす反社会的な「問題」に対峙している先生に光をあてます。学校で反社会的な「問題」をおこす生徒への対応といえば、一般的には「生徒指導の先生」すなわち「生徒指導主事」の先生でしょう。もちろん、生徒指導とは反社会的な問題行動をおこす生徒に対応することのみを指すのではありません。国立教育政策研究所（2012）によれば生徒指導とは「児童生徒が社会のなかで自分らしく生きられる大人へと育つよう、その成長・発達をうながしたり支えたりする意図でなされる働きかけの総称」です。児童生徒が社会性をみにつけたり、社会に受け入れられるかたちで自己実現することを願いつつ、自主的で主体的でもある成長・発達の過程を支援していく働きかけをするのです。

例えば、登下校時や授業中の「挨拶」や「姿勢」のひとつひとつを注意したり、授業のなかで将来設計について考えさせたりすることも生徒指導です。これは特定の反社会的行為をする生徒のみならず、学校の生徒全員に対しておこなわれるものです。世間の注目を集めるような「いじめ」や「非行」だけに対応しているわけではありません。このようにいえば、生徒指導が「教科指導」と並んで、学校教育の根幹を支えるものであることがわかります。生徒指導主事だけがやればよいものではないことも容易に想像がつくでしょう。学校にいるみんなが生徒指導に関わっているのです。

ただ、生徒指導というのは一人ひとりの先生が好き勝手に動いていいというものでもなく、組織として連携を保ちながらおこなわれる必要があります。生徒指導主事は、校内の状況を見渡しながら、個々の先生を適切にリードしていくことが求められています。いわば、司令塔的な役割をになっています。「生徒指導」について知るうえではふさわしい人々であることは間違いないでしょう。これ以降では、かつて私がいくつかの調査でおこなってきた中学校の「生徒指導主事」をつとめるか、かつてつとめていた10名の教員へのインタビューから、こうした先生たちが「生徒指導」をどのように体験しているのかをみていくことにしましょう。

教師の語りをきく

教師の力量形成、専門性の発達において、教師が自らの実践について語り、考えていくことはとても重要な意味をもちます（Clandinin & Connely 2000; Connely & Clandinin 2005）。グッドソン（2002/1999）は、授業をはじめとした教師の仕事には、教師のこれまでの人生、あるいは現在の状況などが不可避的に大きく影響を与えており、職務内容だけをとりだして論じることはできないと述べて、教師のライフヒストリー（＝ナラティブ）からこのテーマにアプローチしています。

もっとも、語りと実際の行動とは、しばしば食い違います。自らの実践を、立派な言葉で語っている教師であっても、実際にその教師が学校でおこなっていることが、生徒にとって良いものとは限らないし、同僚教師からみれば、言っていることとやっていることが違うと感じられることもあるでしょう。反対に、自らは普通のことをしているだけだという教師の実践が、他の人々からの賞賛をあびることもあります。教師の技は、なかなか言葉で言い表せないことがあるから、このようなことがおこるわけです。

松木（2010）は、教師の実践的知識は、このように言葉にできる「形式知」と、言葉にしにくい「暗黙知」の側面があるとしつつ、実際には形式知は経験によって裏づけされることではじめて機能する場合があったり、逆に暗黙知と思われていたことが、語る努力をするなかで言語化可能になったりするといったように、大部分はお互いがお互いをつくりだしあうような、相互浸透的な関係をもっているといい、それらは教師が同僚とともに実践を語りあい、傾聴しあうなかで明示化される「物語知（＝ナラティブ）」だといいます。

省察的実践家としての教師

教師が語ることの重要性についてふれるときにドナルド・ショーン（2007/1983）の提唱する「省察的実践家（reflective practitioner）」という概念は欠かせません。ショーンは教師をはじめ、多くの専門職者が、彼のいうところの省察的実践家であるといいます。これらの人々がやっていることは、技術的合理性に基づいて理論や原理を現場にあてはめることではなく、むしろ、その都度的に、省察を通して意思決定することとされています。

なるほど、生徒たちは一人ひとり違いますし、同じ生徒でもいつも同じではありません。だから、ベテランの先生が経験上うまくいくはずなのに、子どもがついてきてくれずに学級崩壊におちいることや、これまで考えてもみなかった事態に直面することだってあるわけです。これはピンチですが、それでも多くの先生はなんとかかんとか、これまでの知識を総動員して、これを乗り切ります。このような教師が生徒との関わりの只中にあって意思決定することをショーンは「行為のなかの省察（reflection in action）」と呼んでいます。

日々、難しい子どもに接している先生方にとってはこの問題は切実で、パニックにおちいり、「心が折れてしまう」先生もなかにはいます。いわゆるバーンアウトというやつです。羽間（2006）は、学校生徒のおこす非行的な問題行動には、急激な事態の変化があり、また、他の生徒への影響が大きいという特徴があり、教師に迅速な対処を求めることになり、問題にまきこまれた教師からは「観察する眼」が失われるといっています。すなわち、少年のおこす行動のみに目を奪われ、その行動の奥底にある心の動き、意味を感じとれなくなるのです。このような状態におかれ続けるとき、人は脆いものです。

また、仮にピンチをなんとか乗り切ったとしても、それは「喉もと過ぎればなんとやら」で、そのときは偶然うまくきりぬけられたものの、「その場しのぎ」にすぎないともいえます。ショーンは実践家としてさらに成長していくためには、やってきたことをふりかえり、あれはどういうことだったのだろう、どうしたらよかったのだろうとふりかえり、それを自分の言葉にして語ること、そして、そこから自分なりに新たな理論をつくりあげ、学びの次のステップを設定することが大事だといっています。このような経験のふりかえりを、ショーンは「行為のための省察（reflection on action）」と呼んでいます。教師が日々直面するタフな意思決定を、あるときにふりかえり、自分がしなかった（できなかった）選択肢も含めてふりかえることが教師の専門性を高めることになるのです。

教師の語りが上でショーンのいう「行為のための省察」に近いものになりえるということがわかっていただけるでしょうか。先生自身にとって、現場で生徒に相対するなかでのノウハウとしては役にたたないかもしれないけれど、長い目でみて教師の専門性をあげることにつながる重要なものだと思います。

いったい学校の先生は、生徒指導という営みをどのようなものとしてとらえているのでしょうか。

以下では、いくつかの学校で生徒指導をつとめた先生を対象にして筆者がおこなったインタビュー調査をもとに、この問題について考えてみましょう。

第2節　インタビュー調査からみえてきた生徒指導イメージ

インタビュー調査の概要

この章でとりあげるのは6名の先生で、教師経験は平均して約25年（14〜38年）でした（表1）。教員の語りを内容にそって整理するため、2つの軸が交わってできる4象限からなる図にあらわしてみましょう（図1）。縦軸は、生徒を「集団」としてとらえるか、あるいは「個人」としてとらえるかという軸、横軸は生徒を教師よりも「未熟」な存在としてあつかうか、それとも「対等」な存在としてとらえるか、という軸です。

インタビューした先生全員が、生徒を「集団」としてとらえ、この集団を基本にして関わるという見方をもっていました。生徒を「集団」としてとらえるという見方は、学校にとって前提となる見方でしょう。というのも、学校は生徒が集団で学ぶことが前提になっているからです。もちろん、先生方が「個人」としての生徒に出会わないわけはないですし、概して先生方は子どもの姿をとてもよくみています。だから、尋ねれば「〇〇君は〜で」といった話がどんどん語られます。

表1　本章にとりあげた教員に関する情報

所属校	表記	経験年数	プロフィール
P 中学	カズヨシ先生	20	P 中学のもと生徒指導主事。現在でも中心的存在。
Q 中学	ソウ先生	14	Q 中学の生徒指導主事。
R 中学	ゼンタロウ先生	38	R 中学の校長をつとめる。
	チヒロ先生	30	ゼンタロウ先生につぐ古参。学年主任。
	ミツオ先生	15	R 中学の現在の生徒指導主事。
S 中学	タカシ先生	32	現在は教育研究所の所長。それ以前は一貫して中学校の教諭。

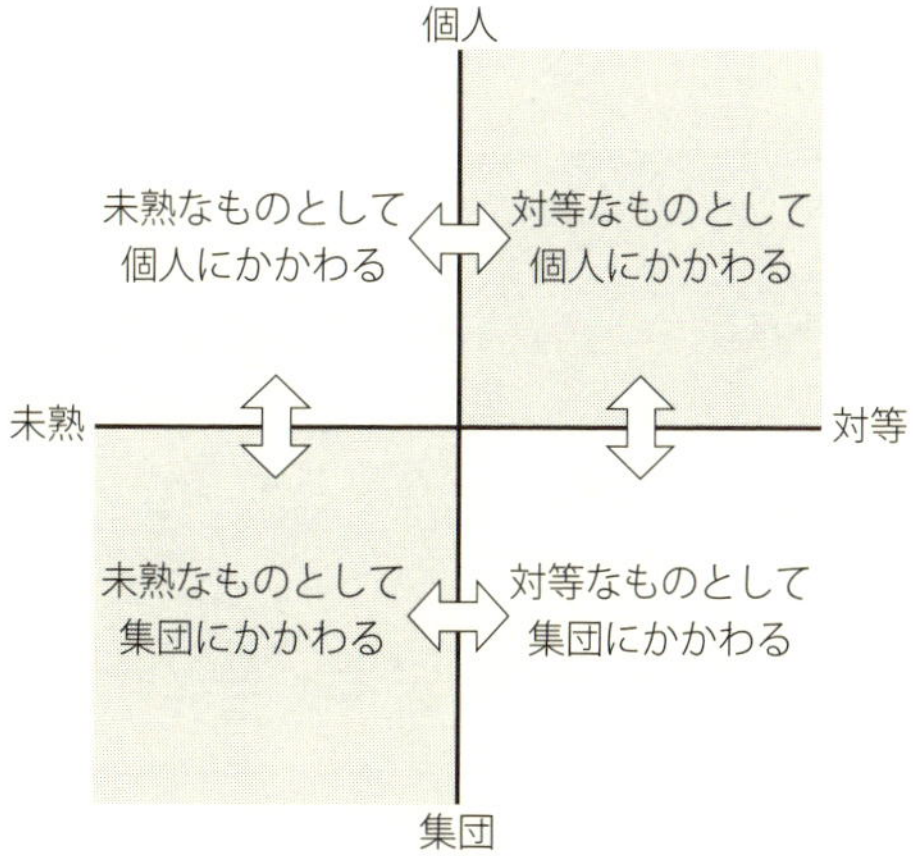

図１　語られた教師の関わりイメージ

しかし、それらはあくまでも学校という場で、集団生活をするなかでの姿であることが多いのではないでしょうか。それがよく見えるのはクラス編成について語るときです。新入生ならば、小学校からの申し送りの情報を総動員して、2年生や3年生ならばこれまでの経過をふまえて、誰とだれを同じクラスにするかといったことを議論します。子どもの個性が、集団をつくるうえで必要不可欠な情報として語られる場なのです。例えば、ある先生はインタビューのなかで、新入生が入ってきたときに生徒をみるうえで、学年の生徒のなかで「学年やクラスをひっぱっていけるリーダー的な子」「人前できちんと話ができる子」といった力をもっている子を見きわめていくといいます。そのことが「…良い雰囲気っていうか、感じの良いクラスとか、良い学年っていうのをつくっていくため」に絶対に必要だからだというのです。この語りのなかにある「リーダー的な子」「人前できちんと話ができる子」というのは、個人の能力のようにも聞こえますが、実は集団が前提になっています。また、学校という集団生活のなかでだけ求められることであることも多いと思います。

「未熟」という軸も、学校の存在する理由のようなものでしょう。まだ未熟な子どもだからこそ、育てる必要があるわけで、未熟でないなら学校に行く必要がありません。教員免許をもって、教員採用試験に受かったからといって、その人は即「先生」になれるわけではありません。「先生」になるためには、「生徒」がいります。内田樹が『先生はえらい』(2005) に書いているように、先生はえらくなるのではなくて、先生とはそもそもえらいものです。その理由は、学びというのは、この先生は自分に何かを与えてくれると、生徒の方が思い込むところからはじまるからです。あるいは、石黒広昭 (2016) が詳細な観察から明らかにしているように、小学校入学当初の子どもたちは「生徒」ではありません。入学したら自動的に生徒になるのではありません。この時点では、生徒はてんでばらばらに動き回ったり、先生の意図の斜め上をいく発言を繰り返したりして授業は成立しません。入学後しばらくがたち、先生に協力することを覚え、授業という実践を成り立たせるようにふるまえるようになってはじめて「生徒」になります。

だから、図1においては、第1象限（集団、未熟）は一般的に学校というところを特徴づけるものですし、第2象限の（個人、未熟）も場合によってはみられるところでしょう。以下では、その典型例としてP中学校のカズヨシ先生の語りをとりあげましょう。カズヨシ先生は教員歴20年。筆者がスクールカウンセラーをつとめた当時、生徒指導主事を担当していました。静かな雰囲気でありながら、威厳があり、自分の信念に基づいて行動し、他者に文句を言わせない雰囲気をもっていました。P中学校の先生の多くも「カズヨシ先生なんかすごく信念があって動いてはる」といったように、自分の考えを強くもつ先生として一目置かれていました。

そのカズヨシ先生の持論は、生徒指導とは、本来、生徒全体に対しておこなうものだ（いわゆる能動的生徒指導）ということです。荒れた学校ならば、目立つ生徒への関わりが増えるのはしょうがないけれど、「忘れてはいけないのは、母体は、全体の生徒指導」だといいます。カズヨシ先生は、荒れた学校における生徒を「上位層」「中間層」そして「飛び出した層」の3つに分類しています。この3つの層の生徒の関係について語ったのが以下の語りです。

（学校が荒れると）生徒のなかでも「先生がきちんとしてよ」（という意見が出てくる）。だから中間層ですよね。その「お前らも注意しろよ」と思うんだけど。問題をもつ生徒が暴れている。で、先生たちは指導に入りますよね。でも、こっち（＝非行生徒）のパワーが強いのでうまく指導できない。そうすると、上位層の子たちは…「先生たち一生懸命やってくれとるな。俺らのためにやってくれとるよな」というのがわかる。だけど、中間的なレベルで荒れてはいないけどもどっちつかず（な生徒には）、なかなか理解されない。…「先生たちもしっかりやってよ」「先生のせいじゃん、こんなにくしゃくしゃに（＝滅茶苦茶な状態に）」というような雰囲気が大きくなる。

（略）

集団はそれをみていて「先生は俺らに厳しいじゃないか」「問題生徒にはなんで許しとる（＝許してるんだ）？」。生徒指導という立場で、「なんでだ？」という不満が出ますよね。だからこそシャツ出しだとか、スカート丈については言わないかん（言わなければならない）ですよ。他の生徒が見とってもちゃんと「あかん、ちゃんとシャツしまえ」と言わないかん。最初は「うるせー」ですよ。だけど、関わりを増やしていけば、他の生徒が見ているときにでも先生の言うことを聞き入れてくれますよね。

このように、学校が荒れたときに重要な役割を果たすのは、逸脱行為をおこなっている当の生徒だけではなく、「中間層」の生徒だというのがカズヨシ先生の見立てです。「飛び出している」生徒たちは、なかなかうまく指導しきれるものではない。だから求める基準が一般生徒に比べて甘くなるという側面は「ありありだ」といいます。加藤・大久保（2006）のいう「ダブルスタンダード的指導」になるというわけです。その際に教師の側について協力してくれる生徒もいるけれど、そうではなく、荒れに対して傍観者的なスタンスをとり、不満をもらすだけの「中間層」の生徒もいます。このような生徒たちは、自分たちは厳しく注意されているのに、なかなか教師の指導が入らないで自由にしているようにみえる生徒たちの姿に不公平感をもってしまう。そのため、カズヨシ先生は集団にアピールするという意味もこめて、非行生徒に注意するのだという。そしてひとたび「飛び出している層の」生徒が言うことを聞いてくれるようになれば、それはその生徒一人の行動の変容ではなく、それを見た集団の意識を変えることにもつながるということである。このようにカズヨシ先生は考えます。

教師と生徒との対等な関わりとは何か

むしろ、学校において「当たり前」でないのは図1の第3、4象限でいう「対等」な関係性でしょう。多くの先生が、「集団」を前提として、「未熟」なものとしての生徒を対象としつつも、ときおりそれではない関係性をもつことが実践をすすめるうえで重要だといっています。すなわち、教師は「人間味のある関わり」で信頼感を育みつつ、そのなかで規範を示していきます。カズヨシ先生の以下の語りをみてみましょう。

…自分とあの先生が「なんだよ、シャツ入れろよ」って同じ言葉を言った。でも、生徒は片一方の先生には「うるせえ」。片一方の先生には「何だよ、あー、これでいいか?」って。で、きちんとじゃないけども、多少、自分と接するあいだはきちんとする。というようなことになるんですよね。

同じ言葉を発しても。相手も口調は同じですよ。トーンも同じですよ。でも、相手がうける印象は「うざいなあ」というのと「うざい、んだけど」と思ってくれる関係性とでやっぱり違う。

同じことでも言う人が違うだけで、子どもの反応がまったく違うというのは、どこの世界にもあることですね。かくいう私も子どもを叱るとき、私の言うことはまったく聞かないのに、ママが言うことはすっと聞き入れるということを何度も経験しています。やられた方は本当に気分が悪いものです。あれは何なのでしょう。カズヨシ先生に言わせれば、それは「関係性」です。カズヨシ先生は、自分が大事だと思うことを生徒に聞き入れられない場合、一度ではダメでも、あきらめることなく訴えかけ、関係をつくっていけば、たとえ生徒にとっては「うるさい」、聞き入れがたい行為だったとしても、やがて聞き入れてくれるようになるといいます。カズヨシ先生はさらに以下のようにも語ります。

規則は大前提なんですけども。それを縛っていく、枠にはめていく、生徒指導じゃなくてー。やっぱり自分たちが考えて、それから自分たちが感じながらやっていく。で、それに対して、自分、まあ、教師サイドというのか、先生サイドが「俺らはこう思う」しー、「やっぱりこういうことがいいじゃないか?」ってことで……（やらなければ）……結局、シドウ、シドウっていう言葉が強すぎて。スカート丈が短いだとか、シャツ出してるだとか、髪の毛がどうのこうのだとか。そういうところだけの指導になっちゃう。

服装や生活態度の乱れといったものは、それ自体も問題だという先生もいますが、さらにつきつめると、将来の、より大きな生徒指導上の問題になるのではないか?という不安に結びついています。それこそ「よからぬ未来への不安」です。スクールカウンセラーをしていた私に、カズヨシ先生は問わず語りに、こうした子細にみえる行動のチェックでも、それをしないことで、特に非行生徒にとっては教師の注目を集めたいという気持ちをもたせることになり、結果的により大きな問題をひきおこす可能性があるんだと語ったことがあります。だから、毎日、うるさがられてもチェックするんだ、と。

もっとも重要なことは、「服装指導」はあくまでも、良い指導をおこなううえでのツールであるということです。必要条件ではあっても、十分条件とはみなされていないことがわかります。カズヨシ先生にとっては、生徒に規則の大事さを伝え、わかってもらうことが大事にされているのです。

教師でありつつ人間でもある――ソウ先生の物語

ソウ先生は30代後半。いつもハキハキとした口調、ハツラツとした姿が魅力的な男性でした。学生時代は水泳一筋だったというだけあって、背筋がスラッと伸びて肩幅が大きくスマートで、一目でスポーツマンとわかる体型です。ソウ先生が生徒指導主事をつとめるQ中学校は、ようやく最近になって「落ち着いた」といわれるものの、一時はメディアにも注目されるほどに「荒れ」た過去をもっていました。私はこの学校でスクールカウンセラーをしていました。

はじめてQ中学校を訪れた筆者に、Q中学校の先生方は新聞記事やビデオをみせては、当時はこんなに大変だったんだと語ってくれました。それほどまでにQ中学校において「荒れ」の歴史は、それ抜きではいまのQ中学校の生徒指導を語れないほどに重要なものだったのです。例えば、Q中学校の教師にとってまず心得ておくべきなのは「生徒と教師」という、学校のなかにはあって当たり前の役割関係が、この中学校では決して当然にあるものではないということです。

これには理由があります。Q中学校が荒れはじめたきっかけは、当時のQ中学校が不用意におこなった指導がもとで、一部の生徒が保護者をまきこんで教師不信におちいってしまったことでした。それが、瞬く間に全校に飛び火したのです。当時のQ中学校の先生は、一部の生徒が騒いでいたところで次第におさまるだろうと静観をきめこんでいました。そのことが後にとりかえしのつかない「荒れ」につながってしまったのです。

そのような事情があるからこそ、「落ち着いた」とされる現在でも、この体験への反省から、Q中学校では、生徒や両親に積極的に関わり、信頼関係を築くことが生徒指導上のモットーになっています。例えば、生徒が学校で問題をおこしたとき、トラブルの内容的には「電話連絡」ですむことであっても、時間をとって家庭訪問し、保護者の顔を見て話すことが重視されるといったように、です。こうした対応が重要だということは、多くの学校で聞かれることですが、実際におこなうのはなかなか難しいことです。Q中学校の本気度がうかがえます。

ソウ先生は荒れていた当時の出来事をふりかえるなかで、以下のようなエピソードを「印象的なこと」として教えてくれました。それはこのようなことです。ある日の授業中、ソウ先生が校内を巡視していたときのこと、タバコを吸っている集団に出くわしました。ソウ先生は早速に注意しました。ところが、生徒たちは悪びれることもなく「じゃあ、お前は、信号無視とか交通違反したことねえのか」「お前、大人だったら、そんなことしたことないのか。1回もしたことないな?」と逆に詰め寄ってきたそうです。緊張感あふれる場面です。生徒たちが大人の注意に対して、揚げ足をとるような返答をすることは、しばしば、あることだと思います。読者のなかには「そんなことを言ってるんじゃない!」と一喝したい気持ちが出る人もいることでしょう。けれど、そう言ってしまったら、生徒たちにとっては自分たちを叱る存在としかみえてこないと思います。しばしば、言われることですが、生徒たちはそこで大人がどのように返してくるのか「試し」ているのかもしれません。ソウ先生はどう答えたのでしょうか。

困りましたね、これ。でも…(略)…そこで誤魔化さなかったですねえ…(略)…(たしかに違反はしたけど)「すいませんでした」ってことは、俺は人としてやったよって。でも、君たちはタバコ吸っといて。いま、先生に聞いた問いっていうのは、まったく責任転嫁みたいに「お前だって(ルールを)破ってるじゃないか」って言って、一緒の仲間に入れようってことじゃないの?って。「素直じゃないやん」って言ったの。俺はタバコ吸ったことはアカンって言ってるんだから、ああ、アカンかったなーっていう気持ちをみせるということが、いまの状況のなかでは、俺は求めてるよってことを伝えたら…急に(生徒は)元気なくなりましたね。

ソウ先生の見事な切り返しに生徒は言い返すことができなくなりました。誤解のないように言っておきますが、ソウ先生のこの話は、きっちりと生徒に自分の考えを伝えることが大事だという文脈でなされたものです。機転をきかせて生徒をやりこめたのを自慢しているわけではありません。ソウ先生はいくらルールだからといって押しつけても生徒は動かないといい、「人間 対 人間」としてつきあう必要があるといっていました。注意深く上記のエピソードをみてみると、ソウ先生が生徒に対しておこなった注意は「いまの状況のなかでは、俺は求めてるよ」と、あくまでも自分を主語にして語りかけています。うっかり「君らは（アカンかったなーっていう気持ちをみせることを）しないといけないよ」と、生徒を主語にして返してしまいそうになるところですが、そう言ってしまったらいけないことを意識しているのがわかります。

さて、ソウ先生の場合は、自分の立場を出していくことが、生徒をやりこめることに役立っていました。しかし、全体的にみてみるとソウ先生のような例はむしろ稀であり、多くの先生は生徒にやりこめられることも少なくないようです。つまり、自分の立場を出していくというのは、生徒をうまく従わせるための方略ではなく、むしろ、生徒にやりこめられるかもしれないという意味で自分を危うい立場におくものなのです。ソウ先生の例では、このことがあいまいになる可能性があるので、いまはR中学校の校長先生になっておられるゼンタロウ先生の語りを紹介しましょう。

（教師が）自分の考え方をはっきりさせていかない。…（略）… いつも人のせいにしてると、子どもは信用してこないね。だから「僕はこう思うんだよ」…（略）… 時々やりこめられるけどね。前にねチャパツ（茶髪）の子がいてね。激しい茶髪で、お前よせよっていったら、「先生、みかけで人を評価したらいけないっていつも言ってるじゃない」って言うわけ。それで「なぜ僕の茶髪をみて先生は僕を悪いというの」と。〈3秒沈黙〉「うーん、いや、そうじゃないけど、君がそういう格好をしていると、世間様はこうみるだろうし、この学校もこうみられるし。それは僕らにとっても君にとってもあまり良いことじゃないよ」といろいろ言ったんだけど、最後に「でも先生、これは僕のポリシーだ」って言われてさ。じゃあ、良いとは言わないけど、黙ってるって。

この語りにおけるゼンタロウ先生も、ソウ先生と同じく「自分の考えを出していく」ことが大事だと言っています。違いは、ソウ先生が生徒をやりこめたのに対して、ゼンタロウ先生は生徒にやりこめられています。結局のところ、違反行為に対してそれをやめさせるということを求めないということかもしれません。ゼンタロウ先生はインタビューを通して、子どもに「それはノー（だめ）だ」ということを示すのが教師の役割だと力説していました。「ダメ」であるということと、それを「やめさせる」こととは同じではないということでしょう。ダメであることを伝えたら、あとは生徒に委ねるということなのです。

ゼンタロウ先生のR中学校で、現在、生徒指導をしているチヒロ先生もこんなエピソードを語ってくれました。チヒロ先生は、決して優しいイメージの先生ではなく、授業中はとても厳しい印象があるということですが、それでも授業がとても面白いという評価を生徒からもらっている先生です。先生もまた、人間的な関わりが大事だという持論をもっています。そしてチヒロ先生は「マイナスにマイナスをかければプラスになる」という数学の公式を持ちだして、一見「逸脱」であっても、長い目でみれば生徒にとってプラスになるかもしれないといいます。以下の語りをみてみましょう。

よりもっと人間的に、将来のことを大きく見定めてやれば、いいんじゃないかって思ったわけ。だから、逆なことというと―〈5秒沈黙〉悪いこととした。不良をこいた。で、もっと悪いこと「ガラス割る」（と言った。そこで）。「ガラス割ると一枚、うん万円とか10万円するよ。やってみたい？」（と言ったら、生徒は）「やりたい」（と言うので、自分は）「やってみるか」って言ったら、結局、子どもはやらなかった。

生徒はチヒロ先生に、ガラスを割りたいという気持ちをもっているると打ち明けます。このような告白を聞いたときにどうするべきか。悩む場面です。チヒロ先生に告げている時点で、生徒は本当にガラスを割りたいというよりも、そこまで考えているということをチヒロ先生に聞いてほしいということなのかもしれません。しかし、本当にしてしまう場合だってあります。その気はなくても結果として割れてしまう場合もあるでしょう。そのときチヒロ先生は実は知っていたのだということになったら、どうしてそれを止めなかったんだということになるかもしれません。チヒロ先生は自分のこうしたやり方を「本当はこんなのダメだろうけど」と自嘲気味に言っています。たしかに、一般的なやり方ではないかもしれません。しかし、チヒロ先生が大事にしている「人間としてぶつかっていく」ということを体現するようなエピソードであることは間違いありません。

第3節　生徒指導観の転換

あれ、君は立派な大人だなあ

前節ではソウ先生の言う、生徒に「人間として関わる」ことの実例を、他の先生の語りと対比しながら示しました。「人間として関わる」とは、結局のところ、「こちらの言うことをきかせる」関わりから、「他者として生徒と出会う」ことへの転換と言い換えられるでしょう。ただ、ここまでの事例では、最終的に変わっていくのは生徒の方で、教師は生徒が変わっていくように働きかける人としてのみ登場していました。とはいえ、学校の先生をしていくということは、実は、生徒との関わりにおいて、自分もまた変化していくということでもあります。以下では、そのことについて考えていきましょう。

ソウ先生は、あるとき、自分の指導観が大きく変わったといいます。そのきっかけになったのは、Q中学校がまさに荒れていた頃に出会ったある男子生徒ケイ（仮名）との出会いです。ケイは「荒れていた」当時のQ中学校のなかでも、とりわけ教師に反抗的な態度をとる少年でした。ソウ先生の関わりはなかなか実を結ぶことはなく、ケイは先生の指示をまったく聞き入れようとしませんでした。ケイをはじめとした多くの生徒たちが、日々、繰り返す問題行動の後始末におわれ、ソウ先生はすっかり疲弊してしまっていたそうです。

そこにある事件がおこります。ある日の授業後、ケイはもみあっていたソウ先生にケガをさせてしまい、そのことで謹慎処分となりました。教師であってもケガをさせられたら、その生徒へのイメージは悪くなります。それに、これまで熱心に関わってきた生徒から暴力をふるわれたことはソウ先生にとって少なからずショックだったと思います。まさに心が折れそうになる瞬間でしょう。ところが、これは転機となりました。ソウ先生はケイを「罵倒したい気持ち」だったといいますが、それを抑えて関わりを続けました。ショックな出来事だったのは、ケイにとってもそうだったのかもしれません。もう二度と「謹慎」になりたくないという気持ちが「抑止力」として働いたといえばそれまでですが、この事件をきっかけにして、ケイは先生の言葉を聞き入れはじめたといいます。

さて、ソウ先生が印象深いエピソードとして語るのは、こうした状況のなかでむかえた卒業式でのエピソードです。ケイは、ソウ先生らの熱心な誘い掛けにもかかわらず、卒業式には姿をあらわしませんでした。卒業式に出席することにこだわる先生はたくさんいます。ソウ先生も、中学校にはまともに参加してこなかったケイを卒業式には参加させたいと思っていたようです。卒業式の当日になっても、姿をあらわさないケイにがっかりしたことでしょう。「だけどー」とソウ先生は以下にその後の顛末を語りました（トランスクリプト1）。

1～9行目では、少年が言ったソウ先生にとって思いもかけない言葉について語られています。9行目のケイの語りの引用が終わる際、それまで姿勢を崩さず話していたソウ先生が、私の方に身をのりだしたかと思うと、ついで大きく身をそらせて（10行目）「あれっ、君は立派な大人だなあ」と、そ

トランスクリプト1：「あれっ、君は立派な大人だなあ」

	話者	内容	ジェスチャー
1	S	ああ、これは僕達の気持ちが通じたなあと思ったのはですねー	
2		門出式っていって、卒業式が終わって最後、門をでていくときにはー	
3		彼は制服をきてー、来たんですよ。	
4	I	はあはあ。	
5	S	で、僕がー、話しかけた応答としてはー	
6		「なんで式に来んかったんだ」ってことを言ったらー	S先生　インタビュアー
7		彼が答えてくれた言葉はですねー	
8		「1時間半も、先生我慢できんでー、迷惑かけるもん」つった（＝と言った）んですよ。	
9		「だから、このタイミングだけは来た」っていって	
10		「あれっhh、君は立派な大人だなあ」	
11		って思ったんですね。僕。心で。	
12		（中略）	
13	S	あれを見た時にですねー	
14		「あー、人ってのはー、変わる場面ってあるんだなー」と。	

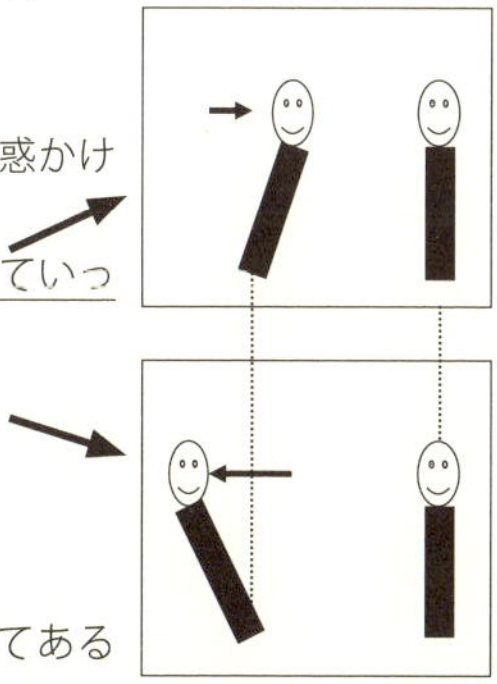

注：Sはソウ先生、Iはインタビュアーをあらわす。

のときの先生の心中を打ち明けています。ソウ先生のこの一連の動作は、ケイの言葉が先生にとって驚くべきことだったことを伝えています。ソウ先生を驚かせたのは「みんなに迷惑をかけるから、卒業式が終わってからきた」というこの生徒の選択です。ソウ先生の「あれっ、君は立派な大人だなあ」という言葉からも明らかなように、先生にとっての「未熟」な生徒というイメージが、良い意味で崩され、自分がこれまで理解していなかった未知の部分をひめた存在として、見直したことがわかります。

このケイとの関わりがあって、ソウ先生は、どんなに困難な生徒であっても、あきらめずに地道に関われれば、変わらない生徒はいないと思うようになったそうです。ケイの場合、これまでの関わりが報われる瞬間は卒業式の日にやってきました。しかし、その瞬間がやってくるのは、いついつと決まっているわけではありません。卒業後ということもあるでしょう。それまで先生は先のみえない不安とたたかいながら、それでも生徒と関わっていくわけです。ソウ先生は、卒業した生徒の言葉を引用しながら、報われた体験について語っています。

ソウ先生は生徒から「しつこかった」と語られることを喜びながら聞いています。一般的には「しつこい」というのは、あまり良い意味ではつかわれません。ソウ先生が聞いた「しつこかった」はそうではないようです。むしろ、卒業生は過去の良い体験をおもいだしているなかで「しつこかった」ということを語っているのです。何度も何度も注意されたら、嫌じゃないのかなと思いますが、生徒たちはソウ先生が言い続けていたことの重要性が理解できるようになり、ある意味で「しつこくしてもらった」という感謝の気持ちになっているということなのでしょう。

（反社会的だった生徒が）共通して僕に言うのは「お前しつこかったよな」と言う。そのしつこいってのは、やっぱり社会規範的なものでは、こうあるべきだということを、かなり話をした部分というのは常にあったもんですから。いま、社会に出て、たぶん（僕が昔に）言ってたことが、ある程度、彼らは実感できる場面があると思うんですよね。やっぱり、人に対してきちっとした言葉をつかわなければいけないとか、自分が感情的にたかぶっても、それを暴力とか、または威圧的な態度っていうのは、周りからみると、これはいけないなということを感じる場面がたぶん出てきて「ああ、あいつの言ってたこと、多少、一理あるな」ってことをわかってきてるから。「しつこかったよなー」って言葉の裏には、そこのなかでいま、共感している部分が（ある）。

生徒は人格をもって、最高に大切な存在です

ソウ先生は、生徒との関わりによって、ある意味では報われ、自分がこれまでもっていた指導観を強めることができたように思います。これとは対象的に、同じく荒れた中学校での指導を経験したタカシ先生は、その体験から自分の指導観を１８０度変えた教師です。タカシ先生は、教師歴30年以上で、インタビュー時には教育研究所の所長をしていました。先生が30代後半の中堅教員だった頃、新しく赴任したS中学校は、ひどい荒れを経験しており、インタビューではそのときのことが中心的に話されました。

さて、タカシ先生は、これまでの教師人生のなかで「生徒の人格を尊重せず、ただ教師が偉い存在だと思い込んでいた」時代から、「生徒もまたひとつの人格をもつ存在」であり、「最高に大切な存在」だと思うようになったという変化を経験しました。どのようなきっかけで変化をしたのか、タカシ先生が最初どう思っていたのか、その語りをみてみましょう。

S中の最初の方はやっぱりえばってましたよね。……（略）……そのー、ね、人格をもった大切な存在だなんて思ってませんでしたよ。「こいつら俺の言うこと聞くべきだ」って。「聞くのが当然だ」って思ってました。

タカシ先生は、初任者だったときの家庭訪問で、生徒の祖母から「先生さま」と呼ばれたといいます。久富（1994）は、学校教師の「尊大さ」について述べるなかで、このタカシ先生と類似したエピソードを引用しています。そういうふうだからタカシ先生がS中学校に赴任した当時、教師の権威が自明なものであったことは明らかです。そういう前提をもっていたタカシ先生にとって、ひどい「荒れ」を経験していたS中学校での、生徒による対教師暴力や、警察の介入といった出来事は、ものすごいカルチャーショックだったことでしょう。

当初は、生徒の反抗に対して、これは現在では許されないことだし、考えられないことですが、当時の先生方は「体罰」で応じることもあったといいます。しかし、S中学校の先生方は、そのことが事態を好転させるどころか、さらなる悪循環をうむのだということを実感し、この連鎖を断ちきろうと「生徒に暴力はふるわない」ことを生徒の前でちかい、「教育相談」的な手法を用いて生徒と接するようになったそうです。それでも、最初はタカシ先生も「話を聞くだけなんて効果があるわけがない」と、その効果には半信半疑だったといいますが、「ワラをもつかむ思い」で実践してみたところ、荒れていた中学校が次第に落ち着いていくのを目の当たりにして、その効果を信じざるをえなくなりました。

タカシ先生はここでおこった変化を「教師と子どもが仲の良い学校になった」と言います。象徴的なものとして、タカシ先生は当時の生徒たちの、ある言葉をあげています。

（荒れていた頃は）「先生っていいなー」って子どもたちが言ってたんですよね。「なんでいいなっていうんだ」ときくと、「掃除しねえじゃねえか」と。「職員室。なんで俺があそこ、俺たちが掃除しなくちゃいけないの。私たちが掃除しなくちゃいけないの」。掃除日直あったわけですから。で、「先生たちはいいなー」っていう……（略）……ところが、今度は落ち着いてくるとー、私たちが教育相談の勉強をして、子どもたちの接し方が変わると、子どもたちが「先生、ありがとう」って言ってくれるようになったんですよね。私たちのためにこんなに一生懸命にやってくれてありがとうって。

このエピソードにおける生徒の変化を、タカシ先生は、教師が「自分のことしか考えていなかった」時代から、生徒を「人格をもった大切な存在」として尊重するように、その見方を変えたことによってもたらされたのだと考えています。タカシ先生の「生徒もひとつの人格をもち、最高に大切な存在だ」という生徒観・指導観は、こうしたエピソードからうまれたといえるでしょう。

もうひとつ、先生のなかで印象にのこっている出来事があります。非行生徒たちの喫煙に対し、タカシ先生自ら禁煙を宣言することで対処したというエピソードです。このエピソードが経験される以前の状況として、タカシ先生は以下のような失敗を経験していました。それは喫煙をしている生徒を指導する際、自分もまた生徒指導室でタバコを吸っていたのを、先輩教師にみとがめられ、注意をうけたというものです。

タカシ先生は生徒たちにタバコを吸わせないのと同時に、自らも禁煙するという手段にでたと語ります。教師はしばしば演技することがあるといわれますが、これはタカシ先生が事前になんらかの意図をもってはじめたことではないようです。そんなに簡単にやめられるものではないのは、昔も今も変わりません。それに、タカシ先生は、生徒が約束を破ったことが「頭きてねぇ」と語っていますが、そういう状況では冷静な判断ができにくい状況でもありますね。もちろん、その前に先輩の先生からたしなめられたことはあるんでしょうが、「思わず出た」言葉でもあっただろうと思います。

ここで注目してほしいのは、生徒を呼ぶときの人称の変化です。タカシ先生は事例の冒頭から「子ども」と言っていますが、タバコ事件について語られた際には、生徒を「やつら」と呼び換えています。「子ども」という言葉をつかうことは、同時にタカシ先生を「大人」とします（例えば、Sacks 1972）。「やつら」は、それよりは距離の近い、仲間のような関係性をつくります。タカシ先生は、タバコを介することで生徒たちと同じ体験を有する共同体のような存在になったと考えることもできるでしょう。

もしも先生が「生徒なんてどうでもいい」と言ったら目立つでしょうが、「人格をもつ存在」「最高に大切な存在」と言っても、みなさんはそれを「当たり前」とか「きれいごとを言っている」といったように受けとりやすいのではないでしょうか。ところが、上記のようなエピソードをきいてみると、それが先生の経験に裏打ちされた言葉だとわかります（トランスクリプト2）。エピソード後の非行生徒らの「先生、本当にうちで吸ってねえな」「学校では先生吸わねえ（ない）と思ったけど、家で

トランスクリプト2：「やつらのおかげで」

	内容	ジェスチャー
1	それで、ある時、その子どもたちー	
2	別にケンカばっかりしてたわけじゃないからね、	
3	［　夜釣りにつれていってと頼まれたので　］連れていったわけですよ。	
4	ちょっと席をはなしてたらね、大人がね、「あんた先生か？」っていうから、	
5	「そうだ」っていったら「こいつらさっきからプカプカタバコすってるぞ」っていう。	
6	で、「な～に～」って。タバコすうなよって約束していったの。	
7	で、もう頭きてねーもう、全部タバコとりあげてねー	
8	あーんときは○○先生にタバコ怒られたのもあったんだけども、どうしてもね、	
9	橋の下でタバコ、ガーンッとやって、私が火いつけてね。	
10	もう、「俺も止めるからお前らも止めろ」って言いながら、こうやって燃しちゃって。	
11	で、それからは１本も吸ってない。うん。	
12	でもーやつらと１つの話題ができたんだよね、だから。	
13	＜２秒沈黙＞	
14	「先生苦しくなあい？」とかね。（筆者をのぞきこむように）	
15	やつら最終的には陰ですってたみたいなんだけどー(hh)	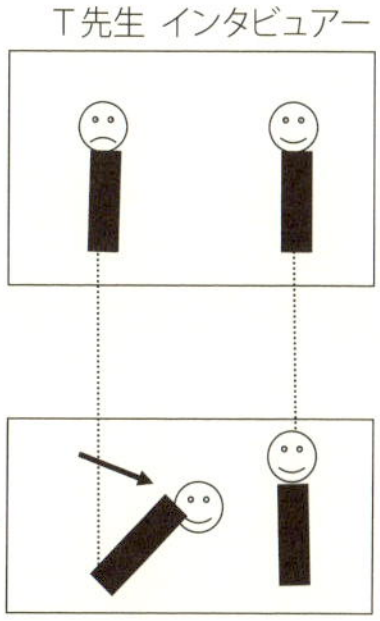
16	うん。卒業して、やつらが卒業して私のうちに遊びにきて、	
17	「先生、本当にうちで吸ってねえな」っていうんだよね。	
18	「俺は学校では先生吸わねえと思ったけど、家では吸ってると思ったよ」とかってね。	
19	<3秒沈黙>	
20	ま、それはちょっと余談ですけどもーやつらのおかげでタバコやめられたってこと hhhh。	

は吸ってると思ったよ」といった言葉から、タカシ先生の言葉が、当の生徒ですら信じられないことだったこともわかります。タカシ先生は揺らぎを経験しつつ、その揺らぎをリソースとして信念を転換するにいたったのだといえます。

第4節　生徒指導はむき、不むきなのか？

「失敗」がもつ生成的なポテンシャル

精神医学者の斎藤環（斎藤 2012）は、日本社会を読みとくキーワードとして「ヤンキー性」をあげています。ここでいうヤンキーとは不良や非行少年も含みますが、それだけではなく、一般の多くの人々の無意識に潜在的にある「ヤンキー的なもの」、すなわち、気合いとノリ、真心や愛、関係性を信じる心がそれにあたります。読者のみなさんは、これまでみてきたカズヨシ先生、ソウ先生、タカシ先生の語り口に、斎藤氏がいうところの「ヤンキー性」を感じとれるのではないでしょうか。斎藤氏もそうですが、私もこうしたヤンキー的な熱さ自体は悪いとは思いません。このような熱があるからこそ、多くの少年たちの変化があったのだと思います。斎藤氏が懸念するのは、ヤンキー性にはこうした熱さだけでなく、「とにかく体当たりでやってみる」といった行動至上主義があるところです。行動至上主義があるために、頑張れば生徒に思いが通じると思いつめ、思わぬ弊害をひきおこすことがあるわけです。わが国で、たびたび問題視される教師の体罰も、荒療治的な矯正策も、こうしたヤンキー性のゆえにひきおこされてきたと斎藤氏は分析します。

これまでみてきたカズヨシ先生、ソウ先生、タカシ先生の語り口には、斎藤氏がいうところの「ヤンキー性」を感じとることができます。少なくとも私はそれを感じました。先生方の熱が多くの少年に影響を与えたのと同時に、まかり間違えば大きな問題になっていたかもしれません。ただ、この先生方が最悪の結果を招かなかったのは、結局のところ、生徒に言うことを聞かせるなどということはできるものではないことを体験的に知り、そのことで自分の生徒指導観を変化させたことではないでしょうか。きっかけは、先生方の小さな「失敗」です。ソウ先生は卒業式に来させることができなかったし、タカシ先生はタバコをやめさせることはできませんでした。でも、そのおかげで、先生方にとって大事な変化が訪れたのです。

本章の最後に、こうした「失敗」が、実は生成的な意味をもっていることを示すもうひとつの事例を検討しましょう。「生徒指導にむいていない」と悩むミツオ先生です。先生は、インタビューした年に、はじめて生徒指導主事をつとめるようになったのですが、インタビューではその役割への戸惑いが多く語られました。ミツオ先生は、自分を評して、全体に対して「決まり」を示していくのが得意ではないと語りました。生徒指導主事になる以前のミツオ先生は、長く「生徒会」活動を通して、生徒たちとともに、いろいろな活動を考えていくような活動を主におこなっていました。先生自身、そういう役割が自分にフィットしていると思っておられたようです。

ミツオ先生は、生徒指導主事になった自分におこった変化を「学校のなかで生徒指導が基準になるのかなっていうので、昨年度に比べると自分自身について少しこう口うるさくなっちゃったかなと」と、自分が「口うるさい」ということを苦笑しながら語りました。筆者が「苦笑していますね」と指摘したところ、ミツオ先生は以下のように語りました。

どちらかというと生徒指導むきじゃないなと自分では思ってはいるので。…（略）…まあ、これは良いとか悪いことかわかりませんけれども、生徒指導でやる担当のものとしては、やっぱり、一線画して、生徒と。やっぱりピシッと、生徒からするとやや怖い存在であること、っていうのも必要なのかなーという気がするんですね。

ミツオ先生は、自分は「生徒指導主事」という役割をつとめることが「どちらかといえば苦手」という感覚をもちつつ、責任感や義務感からそれをおこなっていると語りました。ミツオ先生は自分の仕事のどこが苦手なのかを以下のように語ってくれました。

私が黙っちゃうと。要するに黙っちゃう。見てて黙っちゃうということは、認めるということになっちゃうのかなっていうので。一応、他の先生方も意識して声をかけてくださったりするんですけれども（…沈黙2秒…）生徒の感覚からいうと、（ミツオ先生が）黙ってるっていうのは、注意されなかったというのは、認められたという意識になるみたいで。「だって、先生。誰々先生は（見ていても）何も言わなかったよ」というふうなのが出てきちゃうと（困る）。

この語りをきくと、ミツオ先生が感じておられるプレッシャーは相当なものだと察することができます。子どもを怒ったり注意したりするのはエネルギーを伴うものです。個々には素直に言うことをきく生徒であっても、集団の前に出れば強がってなかなか非を認めないこともあります。たまたま機嫌が悪いときに注意したために、思わぬ反発をくらうなんてこともあるかもしれません。だから、どうせ怒るならよいタイミングを見きわめたいし、怒るべきとは思っても、今日のこのタイミングではあえて何も言わないでおこうなどと思うこともあるかもしれません。しかし、ミツオ先生はそうしたことが立場上できない。現在の学校でいうならば「毅然とした対応」ができないということになるでしょう。毅然とした対応において、教師はブレてはならない。あるときは叱り、あるときは許すというようなことでは、生徒に不公平感が出てきたり、教師集団のなかでの温度差がうまれたりするからです。

「よからぬ未来への不安」と、「個人的失敗」

ミツオ先生の悩みを深めているものを、仮に「よからぬ未来への不安」と呼びましょう。臨床心理学者の近藤邦夫は、教師は生徒に規則を守らせるために権威を必要としているため、「甘くするとナメられる」といった言説に代表されるように、権威を失うことに対して常に不安を感じていると言いました（近藤 1994）。たしかに、学校ではときおり「教師の指導が乗り越えられている」といったように、生徒指導の不調が語られます。ミツオ先生も、自分が学校で沈黙することが、権威を失うことであったり、「乗り越えられる」不安を感じているのかもしれません。

ミツオ先生の不安はあながち根拠のないものではありません。実は、ミツオ先生の勤務する中学校は、数年前までひどい荒れを経験し、厳しい指導をすることによってそこから立て直してきたという実績がありました。表面上は、現在のR中学校は、生徒指導上の問題がそれほどない学校です。これを素直に「良くなった」と喜ぶこともできるでしょうが、ミツオ先生は生徒が良くなっていることに甘え、教師が現在の状態を「当たり前」と考えてはいけないと思っています。このように「いまは良くなったけれど、いつ逆戻りするかわからない」という話を、スクールカウンセラーとして、あるいは研究者として、私はいろんな学校の先生から聞きました。第2節と第3節でとりあげたソウ先生の学校もそうでした。「よからぬ未来への不安」の力は絶大です。なにせまだ何もおこっていないのに、不安は続くのです。何もおこらないことが少しも安心材料にならないわけです。

このような「いまは良くなったけれど〜」という語り口は、そうした不安を感じている側からすると、それを共有しないようにみえる教師への不満につながります。ミツオ先生ははっきりとは言いませんが、ひょっとすると同僚の教師の対応への不満もあるのかもしれません。ミツオ先生は自分のことを「あまり人づきあいがうまくない」と評し、そのために、学校の現状に危機感を抱きつつも、年輩の先生に（危機感をもつことを）指示しにくいと語っていました。推測の域を出ませんが、ミツオ先生は自分のことを「人づきあいがあまりうまくない」から同僚の先生にもうまく主張できないと言っていることからすると、ミツオ先生の同僚には、まさに危機感がないとみえる先生がいるのでしょう。その先生のことを問題と感じつつも、それを指摘できないことに悩んだり、ふがいないと感じていたのかもしれません。

「個人的失敗」から、新たな生徒指導の創造へ

ミツオ先生の悩みの正体が、先生自身の生徒指導を指揮する教師としての資質（むき、不むき）というよりも、教師集団がおりなすシステムがもつ矛盾が、ミツオ先生にふりかかっていることにあるという可能性については一考の価値があると思います。集団としてのあり方と、個人の信条とのあいだにうまれる矛盾は、「周囲の人が動いてくれない」と他責的に語られる場合もあれば、「周囲の人のように自分にはできない」と、自責的に語られる場合もあります。ミツオ先生の場合は後者ですね。

以下では、そのことについて考えていきましょう。考えるための補助線として、マイケル・ホワイトの「個人的失敗」という概念を紹介しましょう（ホワイト 2007/2005）。これは私たちが「自分は人として不適格だ」と思うようになるという、まさにそのことがいかに文化のなかでつくられているかを説明する概念です。例えば、ホワイトがとりあげている事例に、若手の心理カウンセラー、マックスの事例があります。マックスは上司から「カウンセラーとして不適格」との烙印をおされ、更生させてほしいとホワイトのところに派遣されました。上司が問題視していたのは、マックスがクライエントのどこが「問題」なのかを語らないところです。上司にとっては、クライエントの問題を同定することこそ、治療の重要なはじまりなのに、それをしないのは明らかに問題だというわけです。マッ

クス自身も、この上司の評価を自分の課題として受けとめており、「僕にはできない」という感覚をもっていました。

しかしながら、ホワイトとのカウンセリングのなかでみえてきたのは、これまでと違ったマックス像でした。マックスは母子家庭に生まれ、母親が生活に苦労しながらも自分を育て、たまに訪問する福祉担当者に大変気をつかっていた様子を目撃していました。それゆえに、マックスは自分が出会うクライエントに、知らずしらずのうちに昔の母親のイメージをだぶらせてしまっていました。だから、そこに「問題」を見出すことができないし、むしろ、困難ななかを生き抜く人に誠実に接する必要を感じてしまっていたのです。ホワイトがしたことは、こうしたマックスの考え方がまっとうであることを保証しつつ、マックスこそが所属先の風土を変える力がある人だと勇気づけるということでした。

以上の例のマックスをミツオ先生に置き換えてみましょう。もうおわかりですね。個人的失敗の概念を通してみれば、ミツオ先生が感じた「生徒指導むきでない」という劣等感は、必ずしもミツオ先生が生徒指導主事として「適性がない」ことを意味していません。ミツオ先生は、生徒指導における多数派の考え方に、自分の行動をあわすことができなかったことを、自分が生徒指導主事として「適性がない」ことの証拠として受けとっているだけで、本当は多数派の考え方のおかしさを指摘してもよかったはずなのです。ミツオ先生が、これまで自分がやりがいを見出してきた生徒会活動のように、生徒と話しあっていろいろなことを決めていく活動に、生徒指導の方をあわせていくことはできないものなのでしょうか。もし、それができれば、中学校の生徒指導は変わっていけるかもしれません。なによりミツオ先生はこれまでのような、いつやってくるかもわからない「よからぬ未来への不安」に押しつぶされなくてもよくなることでしょう。

個人の教師の語りが埋め込まれた実践の探求の必要性

さて、本章では、個人としての語りに注目してきました。しかしながら、松木（2010）が言うように、実は、教師の専門性発達を後押しする「物語知」は、教師が同僚とともに実践を語りあい、傾聴しあうなかで育まれます。つまり、教師の成長をうながすうえでは、その実践を語り、聴きあう同僚性であったり、実践を語りあう場が保証される必要があるわけです。また、聴き手のなかにはスクールカウンセラーなどの多職種も含まれるでしょう。多職種連携の問題も顕在化します。こうしたことは本章ではふれられませんでした。次章以降では、このような語りを取りまく人々の関係性、場の特徴といったことについてさらに考えていきます。

第3章 「問題」生徒をかかえる学校内の連携

第1節 「チーム学校」の陥穽

多職種連携

文部科学省（2015）が、これからの時代の学校教育を考える枠組みとして「チームとしての学校」、いわゆる「チーム学校」のあり方について答申するなど、今日の学校は、教師や事務職員だけで構成されるのではなく、スクールカウンセラーやスクールソーシャルワーカーをはじめ、警察、あるいは地域のボランティアなどにいたるまで、実に多様な人間が常に出入りしながらつくりあげる組織となりました。多職種連携の重要性も、これまでにもまして指摘されるようになってきました。

多職種連携は、異文化との出会いに似ています。スクールカウンセラー制度がはじまってすでに20年近くが経とうとしているいまでも、学校の先生とスクールカウンセラーのあいだには明確な考え方の違いが存在しており、そのことが両者の連携にも影響を及ぼしています。かつて学校というところは外部に対して閉鎖的な組織でした。1995年、スクールカウンセラーがはじめて学校に配置された際には、村山（2004）が「…学校側からみると、『黒船の来航』『開国を迫られる』などの表現がしばしば用いられた」と述懐するとおりです。学校外との連携はもちろん、学校内部に目を向けても、小学校においては、かつて「学級王国」と呼ばれたように、担任の裁量が大きく、外部からの目が行き届きにくい閉鎖的環境があることがしばしば課題として指摘されていました。現在では「部活動」の指導を外部に委託するといった試みが、教師の多忙化の解消の必要性が言われるのともあいまって注目されるなど、その傾向は、確実に外部に向けて開かれたものへと変化しつつあるといえるでしょう。

ただし、たくさんの大人が子どもの周りにいたところで、この人たちがうまくつながっていなければ、単に人間関係が複雑になるだけです。実際のところ、一人の生徒に学校の教職員が全体として関わることはそれほど簡単ではありません。その理由のひとつは、一人の生徒像が共有しにくいことにあります。同じ生徒が保健室のベッドで寝ている様子をみて、担任教師はそれを「甘え」としてみるかもしれませんが、養護教諭やカウンセラーはそれを「傷ついた様子」としてみるかもしれません。そもそも、同じ生徒であっても、関わり方によってみせる姿はさまざまです。厳しい態度で接すれば、自然とこわばった表情になるかもしれませんし、逆に、優しくゆっくりと話を聞くならば、笑顔があふれ、幼い子どものような顔をみせるかもしれません。このように、同じ一人の生徒をみても、異なる専門性を背景にもつ大人はそこに多様な見方をうみだします。と同時に、見方の多様さは、関わり方の多様さをうみだし、同じ一人の生徒がみせる姿も、誰に対してみせるのかによって多様になってきます。こうした一人の生徒がみせる多様な姿をひとつのまとまったものとして総合していくことはなかなかに難しい問題です。

学校が居場所にならない子どもたち

一人の生徒に対して、多くの大人がひとつのまとまった見方を出すことは、子どもの利益になると、手放しに期待することはできません。非行臨床の専門家である生島浩は、家族や学校、警察などが連携して問題にあたるというときに、皆が同じことを言ってどこまでいっても逃げ場がないことがもたらすデメリットについても考えておくべきだといっています（生島 2003, p.108）。生島のこの問いかけは、チームで関わること、連携していくことは本当に子どものためになるのか、という根本的な問いかけであると思います。学校がひとつの価値観にとらわれて、皆がそれに向かって突き進むようになった結果として、ある種の子どもたちがふるい落とされるようなことは、はたしてないのでしょうか。

学校の先生をめぐる世間の理解は、個人としての教師の力量や熱量に焦点をあてがちだと思います。それはドラマなどでの「生徒指導」の描かれ方にもあらわれています。生徒指導、それも反社会的な問題行動をする生徒といえば『金八先生』をはじめ、『GTO』『ROOKIES』『ごくせん』など、ある共通した特徴があります。それは、これまで誰にも理解されておらず「不良」「手に負えない」

といわれて見放された生徒たちの前に、一人の「生徒想い」で「熱い」教師が「救世主」のようにあらわれて、たった一人であっても関わり続け、そういう指導にふれることでついには生徒を更生へと導いていくという筋書きです。学校の先生をめざす若者のなかにも、こうした、いわゆる「熱い」先生へのあこがれをもつものもいることでしょう。私は、こうした先生の存在に対してアンビバレントです。

学校の先生をよく知る立場からすると、こうしたヒーロー教師の存在を手放しで褒め称えることは憚られます。実際、学校というのはひとつのシステムとして動いているのであり、教師はその代理人にすぎないのに、「指導」と称していたずらに生徒の内面にふみこんでいくといったように、個人行動をする教師に批判的な人たちもいます（代表的なものとして、諏訪 1998）。私も、こうした意見に「たしかに」と同意せずにいられません。たしかに実際の学校現場は、たった一人の熱血教師によってなんとかなるほど簡単なものではありません。そんなにテレビのようなヒーローになれる先生ばかりではありません。むしろ、他の先生に何も連絡しないままに、勝手に行動されるのだとしたら迷惑だと思いますし、ある先生がミスした際に、周囲の先生がフォローしてくれなければ辛いものです。

と同時に、私は「非行」であれ「不登校」であれ、なんらかの生きづらさをかかえた生徒たちにとって、一人になっても、味方になってくれ、居場所となってくれる先生がいてほしいなあとも思ってしまいます。学校では、組織としての流れをふまえて行動しなければならないというのはわかりますが、そうやって組織だって動くことが生徒のためではなく、大人の都合のためになされているのだとしたら、やっぱり、そこはもうちょっとなんとかならないだろうかと思うのです。

もちろん、多くの先生方は、生徒のことを考えて動いていらっしゃると思います。私も個々の先生の心持ちの問題を追及しようというのではありません。集団的に動くことが学校の先生の仕事の基本であるならば、問われるべきはシステムの問題だからです。先に例示した熱血教師ドラマでも、主人公の先生は、管理者側の先生からたしなめられ、異端あつかいをうけています。熱血先生のスタンドプレーな仕事ぶりが問題だとしても、では、そこで見捨てられそうになっている生徒はどうしたらいいのでしょうか。結局、学校が生徒を受けとめられていないのです（Fallis & Opotow 2003）

ドラマでは主人公の先生は、もと非行少年であったり、本物のヤクザであったり、いかにも「この先生ならそれくらいやる」という個性の持ち主です。でも実際には、こんなキャラのたった先生ばかりではないですし、多くの場合は単に「浮いている」先生です。ただ、このような先生が示しているのは、その人の困った性格というよりむしろ、学校で「かかえきれない子ども」の存在ではないでしょうか。

本章では、生徒指導上の「問題」をかかえた生徒に関して、彼（女）らの利益になるように、学校の教員同士、あるいはスクールカウンセラーなどの外部専門家と教員がどのようにつながり、まとまっていけるのかという問題について考えていきたいと思います。

第2節　支援者から支援チームへ ―― リッコ先生の物語

リッコ先生とT中学校

まずはじめに、リッコ先生の物語からはじめましょう。リッコ先生は当時、経験15年の中堅教員で、T中学校でスクールカウンセラーのコーディネーターをつとめていました。スクールカウンセラーの業務には、生徒との面接、保護者との面接、教師へのコンサルテーション、多職種連携のつなぎ役といったものがあります。もともと相談機関ではない学校という場で、効率的に多くの生徒のために活動しようとすれば、自ずから個別の面接よりは、教師の目からみて心配な生徒について連携して話しあっていくコンサルテーションが占める比重は高くなります。週に一度、わずかな時間だけ学校にいるスクールカウンセラーを有効に活用するためには、学校のなかの全体状況に目を配りながら、適切にスクールカウンセラーと学校とを結びつけていくコーディネーターという役職にかかる期待は大きくなります。

リッコ先生が勤務するT中学校はある地方都市にあり、田園地帯のひろがるのんびりした地域と、商業施設が集まった地域を学区にもっていました。生徒数が800人近くいる、この地域としては大規模校とされる中学校でした。過去には、いわゆる反社会的行動をとる生徒も多く、いわゆる「荒れた」こともあったといいますが、私が赴任した頃には、そうした問題は目立たなくなっていました。とはいっても、学区のある地域は、貧困をかかえていたり、養育環境が決してよいとはいえない家庭も多く、外面的な問題行動をおこすわけではなくても気がかりな生徒はたくさんいました。

一般に大規模な学校は、教員同士の意思疎通が簡単にははかれないことから、いわゆる「問題」のある子への支援もスムーズにはいきません。学級数が多いことから、一人の先生がすべてのクラスで授業をするわけにはいかず、同じ学年といっても、自分の受け持ちクラス以外の生徒のことはあまりわからないということがおきます。こうなると学年中の生徒の顔と名前を一致させるだけでも大変な作業で、その生徒についてのイメージを共有することが難しくなります。リツコ先生が勤めていたのはそういう学校でした。

生徒の気持ちがわかるようになるということ

さて、リツコ先生は、これまで特別支援学校に勤務した経験や、教育相談にたずさわってきた経験から、不登校や対人関係につまずいた生徒と人間関係をつくるのが上手な先生でした。どちらかというと対人関係を築くことの苦手な不登校生徒たちも、リツコ先生の前では笑顔になり、先生を信頼して、誰にも話したことのないような身の上を話しはじめます。通常学級の生徒のなかにもリツコ先生が好きな生徒は少なくありませんでした。

こうしたリツコ先生の「才能」は、他の先生がリツコ先生に知らずしらずのうちに頼ってしまう傾向をつくりだしてしまっていました。リツコ先生は、教室に入れない生徒がすごす部屋（この中学校ではこれを「相談室」と呼んでいました）で、生徒とすごすうち、生徒の気持ちがかなりよくわかるようになったといいます。以前なら「学校に行きたくても行けないという辛い思いをしているんだろうな、というふうに言葉では言えても、どういうふうに辛いと思っているのとかいうのは、想像がつかなかった」ものが、いまや「ここでこういうことを思ったんでしょ？」と生徒に問えば、「そう」という返事が生徒から返ってくるといったようにです。

生徒の「気持ち」がわかるのは、良いことばかりでもありませんでした。リツコ先生の場合、他の先生の関わり方が次第に「問題」としてみえてくるようになってしまったのです。リツコ先生の持論はこうです。生徒の支援にもっとも必要なものは、別室で四六時中関わる自分ではなく、「担任の関わり」だ。担任がその生徒と関わり、良い関係を築いているならば、「（生徒も）絶対、思いも変わってくる」ものだけれど、逆に担任から「置いていかれている」という感じをひとたびもってしまったら、その生徒は「いくら私が、どんなに手をかけても賄えるものではない」。だから「やっぱり担任とかクラスとのつながりという部分は大きい」。

このような持論をもつリツコ先生ですから、T中学校の教員には、生徒とそのような関係になっていない人が少なからずいることに危機感をもっていました。例えば、リツコ先生にしてみれば、自分のクラスの生徒が別室にせっかく登校してきているというのに、担任が一日のうちで一度も顔を見にくることができないなんて、あんまりじゃないかと思えます。別室に来てくれるのはいいけれど、生徒としゃべる言葉のはしばしに、その生徒のことを大事に思っていないことがありありと伝わる先生がいることにも心が痛みます。もちろん、リツコ先生だって、かつては担任で多忙だったことがありますから、先生に無理は言えません。その先生は本当に忙しいのでしょうし、クラスのなかには、その生徒以外にもたくさん心配な生徒がいて、その生徒のことだけを一番に考えていられるわけではないのも理解できるつもりです。でも、生徒のなかには「先生は私のことを大事だと思ってないんだ」と思ってしまっている生徒が出ています。だから何時間も別室にいてほしいとは言わなくても、せめてもう少しでも関わりをもってくれないものだろうか?、あまりにも関係が希薄ではないか?と思えるようなことは多かったそうです。

筆者自身、この学校にスクールカウンセラーとして赴任した1年目をふりかえると、T中学校の教員同士が生徒について情報交換している場面をみることが少なかったと思います。ベテランの先生が多く、互いについて口出ししない雰囲気があったからかもしれません。それでも教員同士のやりとりがうまくいっていればよかったかもしれませんが、リツコ先生いわく、過去には「学年が変わるときに、不登校だった生徒についての引き継ぎがなされなかった」こともあったそうです。リツコ先生はT中学校のコーディネーターとして活動していくうちに、こうした現状では自分の仕事がとても大変になるということに気づき、他の先生方も協力をしてもらわなければならないと考えはじめたそうです。

サポートチームとすすまない会議

リッコ先生が前節のように考えていた矢先、校長先生が、連携するための体制（通称「サポートチーム」）をたちあげようと、リッコ先生にコーディネーター役を打診しました。サポートチームとは不登校などの支援の必要な生徒をピックアップし、情報共有することで、担任が一人で問題を抱え込むことを防止し、よりよい解決策について考えていく体制のことです。学校心理学ではこのようなチーム支援について多くの研究がなされています（入門的なものとして、水野・家近・石隈編 2018）。メンバーは管理職、学年の教育相談担当、コーディネーター（リッコ先生）、スクールカウンセラーを中心に、担任や、外部の専門家が加わることになっています。サポートチームの活動は、週に一度、気になる生徒についての情報共有をおこなう「連絡会議」と、随時開かれる「ケース会議」がありす。リッコ先生にとっては、まさに「渡りに船」の申し出です。リッコ先生はサポートチームのコーディネーターをつとめ、私もスクールカウンセラーとしてその活動を支えました。以下では、初年度のサポートチームの様子をみてみましょう。

サポートチームが開始されてからしばらくは、T中学校での会議はなかなか円滑にはすすみませんでした。「○○君（不登校）は今週は水曜日だけ学校にきました」「お母さんが車で送ってきてます」「B先生がプリントをみてくださいました」といったように、生徒がどのように学校に来ているのかについての情報はたくさん語られます。もちろん、こうした情報も必要ですが、そればかりでは困ります。言ってみれば、これは学校の先生が、仕事のなかで必要になる情報です。例えば「どのような困難をもつ生徒なのか」といったようなことはほとんど語りあわれることがありませんでした（X年5月第2週のフィールドノーツより）。

先生方は自分の仕事の範疇で生徒を語るのは得意でも、生徒を支援する立場にたって、生徒を語るということはなかなか難しかったのでしょう。スクールカウンセラーと教師とに仮想ケースについて話しあわせた研究（高嶋・須藤・高木ら 2007）では、スクールカウンセラーは「内面に焦点をあてる」「相手のことを想像・推測する」「（判断を）保留する」だったのに対して、教師は「状況把握」「指導」「解決志向」だったそうです。学校の先生にとっては、生徒の内面についてはああでもないこうでもないと語りあうことは苦手ということかもしれません。いずれにせよ、会議の目的は、現状をどのように変えていくのかということですから、現状を変えていくためにつかえそうな情報が語りあわれる必要があります。

もちろん、先生方のなかでも問題意識を感じていた人はいます。6月の会議ではトオル先生は、会議中、おもむろに「（会議で）バーッと名前を出されても、誰がどの子とかわからない」、せっかく生徒への対応について発言したいと思ってても、「（その生徒の）人となりがわからなければ言いようがない」と言い、「どうやった、ああやった、何日休んだ、何日来た、ということだけ」ではなく「その子はどういう特徴があってどういうのだというのがあればいいと思う」と提案しました（X年6月のフィールドノーツより）。これは私も同じ意見でしたが、トオル先生の問題意識は、まだ漠然とした不満のようなものであって、「では、どうしたらいいか」という明確な意見ではありませんでした。そのため「多くの先生にこの状況を発信する」ことは、正しい意見ではあるけれど、リツコ先生には現実味のない意見と受けとられたようです。リツコ先生は、多くの先生に共有してもらおうとしたところで「(現段階ではわかってもらう)自信がない」し「自分が嫌な気持ちになるのも嫌」だと答えました(X年6月のフィールドノーツより)。必要性はわかるけれども感情的には受け入れられない、といったところでしょうか。ここにリツコ先生のしんどさの一端を垣間見ることができます。リツコ先生は自分ばかりに仕事が集中している状況をしんどいと感じつつも、その状況を問題視して解決策を言ってくれる人たちの声も、自分の苦労を緩和するどころか、かえってしんどい思いをさせるもののように感じてしまっているのです。

理解されていない、の相互的達成

次の月の会議でのやりとりには、そのことがより顕著に出ています。6月には発信してもわかってもらう自信がないと言っていたリツコ先生も、7月の連絡会になると相談室運営の難しさを語るようになりました。トランスクリプト3はその模様を表現したものです。トオル先生は自分が見聞きしている相談室の状況を語りながら、それに続けてリツコ先生が感じているであろう困難感に共感しています(1行)。

これに対して、生徒指導主任のダイキ先生は「うーん」と、それには共感しきれない様子を示しています(2行)。これをみてトオル先生は「授業」と「それ以外の時間」を対比的に用いて、「それ以

トランスクリプト3

行	発話者	発話内容
1	トオル先生	でも、それぞれも個性が強くて・・・バラバラなんやなー。だから、(授業でも大変だが) そうでない時に、これだけ集まっててリツコ先生が大変だというのは、よくわかるような気がします。
2	ダイキ先生	うーん
3	トオル先生	みんな考えてることも違うし、マチマチやし、そら、あのー、僕ら授業だけでその子らに接してるときには、そんだけのもんなんやけど、多分大変なんやろうなーというのは。
4	ダイキ先生	うーん、まあ、授業してる分には、別にあのー、一生懸命しとるでー[ ]
5	トオル先生	[そやから]あの、毎日がー、あの子ら6時間授業つまってないからね、詰まっている時間の方が少ないからー。それ以外の時にリツコ先生の身体ひとつでこんだけの子らを
6	ダイキ先生	何をしとるかやわなー この((時間))に[ ]
7	トオル先生	[だ]前、聞いたらトランプやらしたりなー。いろいろやってるんやけどー。それが、黙々とするのと違って・・・(略)・・対応するのが大変やろなーっていう気が。

外の時間」に生徒に対応するのが難しいんだといいます（3行）が、ダイキ先生は「うーん、まあ、授業してる分には、別にあのー、一生懸命しとるでー（しているから）」（4行）というように「授業」ではちゃんとしているのだからと、代替案を提案しようとしています。トオル先生はこの発言にかぶせるように「そやから」と再度、相談室の状況について話しています（5行、7行）。

トオル先生はなぜ同じことを何度も繰り返しているのでしょう。私たちが同じことを繰り返し言うのはどういうときかと考えてみると、自分が直前に言ったことへの返答としてはふさわしくない反応がかえってきたときではないでしょうか。直前に自分が言ったことが聞きとれなかったかもしれないとか、自分が予想した相手の反応とは全然違うので何かの間違いではないかと思って再び言ってみるといったことが考えられます。トオル先生の繰り返しにも、そのようなことがおこっていることが示されています。再び一連の会話をふりかえってみると、トオル先生もダイキ先生も、ともに「授業中」と「それ以外の時間」を対比的に語っていることにはかわりがありません。ただし、トオル先生は「それ以外の時間」が大変なんだという方に話の力点をおいており、ダイキ先生は「授業中」の「(生徒が)一生懸命しとる」方に力点をおいているという点では違います。同じ話題が共有されているのに、いや、だからこそ、噛み合わない会話になっていることがわかります。これは単にどちらに重点をおいて語るのかの差ではなく、前者がリツコ先生の苦労への共感をすることになるのに対して、後者はリツコ先生の苦労をねぎらうどころか、新しいものをどんどんと売り込むような会話になっています。

この議論はその後も続きました。トランスクリプト4はそれを示しています。ダイキ先生が現状改善に向けた提案をおこなうと(1、4、6、10行)、トオル先生は「去年の子らは」と、それまで相談室登校をしていた卒業生を例にとりあげて(2、7行)、それと比較するように、現在の相談室に通っている生徒の状況を語り、ダイキ先生の提案を否定するというパターンを繰り返しています(3、8〜9行)。トオル先生は、ダイキ先生もまた相談室で授業を担当していることを知っています。だから、トオル先生が相談室の現状について語っているのは、現状を知らないダイキ先生に教えているわけではありません。むしろ、ダイキ先生の知らない「去年の生徒」と比較することで、今年度のことしか知らないダイキ先生には、リツコ先生のかかえている困難感はわからないと言っているように

トランスクリプト4

行	発話者	発話内容
1	ダイキ先生	あのー、あれ、部屋的に、どうなんかなー。そのー、今、その、授業はどっちかいうと、その、一斉に授業してるのが大部分やんかー。んもっとー、個別学習、もっと自分で一学習をそれぞれーやらしていくー。
2	トオル先生	去年の子らはー、先生もいってたけど、去年の子らは出来る子らが、相談室に来てたような気がする。
3		今年はそれが1人ずつにしたらー、できひん。多分、できんような気がする。
4	ダイキ先生	うーん、ちゃう、僕はな、だから、イメージとしてはな、あるやん、こう個別学習ってこう・・(略)・・あの(個別学習の)塾のやつよー。
5	リツコ先生	((・・・無理・・・))
6	ダイキ先生	うん、ああいうスタイルでー、それでー、こうボランティアで来てくれてる学生さんが回って、できたらな。静かにしとってええやろとかいうて。ああいうスタイルの方がなんかもっとこう壁があってこうというのの方が、人数おおくなっても対応しやすいんじゃないかなーと。人数的にー。で、こっちのなんか丸机のほうは、交流スペースで、こう、しといてー。
7	トオル先生	去年の子どもらみたいに、話すのも少ない、口数少のうて、非社会的な子どもらみたいなんが中心で来てた時は、先生言われるみたいにね、他の子らと一緒にするのもかなん、個別にこう、囲いをしてね、出来るような子やったけど。
8		今見てる子らは、そんなこと、先生、できるような見えてこーへん。だから先生が言われるようなイメージは、今年の子らは絶対できんと思う。
9		ま、そんな入ってくる相談室の子らがー、性質が全然違うでー、去年の子らと、同じ方法では多分やれんしー。リツコ先生が1人でー、ずーっとついてる。1人の子としゃべりたいと思っても、他の子ら放っといてー、自習やらひとりで個別学習さそうと思ってできる子らやないでー、たぶんエラいんやと思う。
10	ダイキ先生	うーーん、ほんで、だから、それをさすためのー、その、仕組みとしてな、その衝立で一個ずつ、こう、仕切ってあるようなところに
11	トオル先生	ほーんなことしたら、誰も、来ないようになる。

聞こえます。いったい、トオル先生はダイキ先生がどう言えば納得したでしょうか？　トランスクリプト3、4についていえば、それは「そうだったのか」「なるほどそうだね」といったように、リツコ先生の苦労に共感し、ねぎらうことだったかもしれません。もちろん、ダイキ先生には悪気はありません。困っていると言われたから一生懸命に解決策について考えていたわけです。しかし、結果として、いろいろな案を口に出せば出すほど、ダイキ先生の発言はリツコ先生がやってきたことがあっていなかったというように表現することにつながってしまうことが、トランスクリプトからはみてとれます。ますますリツコ先生の被害感、不信感はつのることになります。これまでリツコ先生が言っていた「わかってもらう自信がない」「傷つきたくない」という主張は、リツコ先生の取りこし苦労に止まらず、実際のものとなってしまったわけです。

第3節　チームへの変革

怠学傾向から不良行為がみられたサトル

サトルは小学校6年生の2学期に、母と幼い妹とともにT中学校の学区に転入してきました。小学校時代は特に問題になることは報告されていませんでしたし、中学校になっても特に目立った行動があったわけではありませんが、1年生時の担任の先生は、遅刻が目立つことや、保健室へ行く回数が多いことなどを「気がかり」な点としてとらえておられました。サトルに変化があらわれはじめたのは中学校2年生の5月頃からです。ゴールデンウィーク明けから徐々に休む回数が増えはじめ、やがて不登校状態になってしまいました。担任は、当初は様子をみようとしておられましたが、状況が悪化する一方であり、また、学校は休んでいるのに市内の書店やゲームセンターをうろついている様子が何度か通報されることが出てきたことで、ケース会議をしようということになりました。

ケース会議では、先生らがこれまでなんとか集めた本人の生育情報をもとに、私やソーシャルワーカーから、「サトルが虐待のサバイバーである」可能性が示唆されました。サトルの母は夫（サトルの父）からの暴力を避けるために、サトルらを連れてT中学校のある地域までやってきたのですが、母親自身、知りあいもいないこの土地で、一人で働きながら子育てをするのは困難であり、サトルに幼い妹の世話をまかせて夜間もしばしば留守にするなど、ネグレクト的な状況が続いていることがわかってきました。それをふまえて会議では、（1）サトルは自分が大事にされているという感覚をもちにくい子どもであり、（2）暴力をふるっていた父親はもちろん、母親に対しても不信感を抱いており、（3）これまでのネグレクト的な生育環境の影響もあって、自信がもてず、みんなのなかに入りにくい特性があるために、学校にも来にくくなっていることが確認されました。そこで「まず、家庭訪問したりしてサトルとつながろう」「そしてなんとか学校に来やすいような環境づくりをしよう」「親にも働きかけて、サトルがよりよい生活環境になるようにつとめよう」といったことが確認されました。

このような方針が共有されたのはいいことですが、それでもリツコ先生はケース会議後、担任の先生のなにげなく言った「相談室に来させたらいいかな」という発言が「（自分は何もせず）私にまかせればいいと思ってる」としか受けとれずに憤慨していました。私は、リツコ先生が感情的になることで、ますます担任の先生との溝ができてしまってはいけないと思い、「（リツコ先生のように）子どもと密に接するからこそ、子どもの気持ちがとてもわかり、なんとかしたいと思うようになる」一方で、「（他の教員は）細かい事情がわからないからこそ提案できることもある」から、リツコ先生としては腹にすえかねたのかもしれないけれど、うまく折りあいをつけていきましょうと言ってとりなしました（X年8月のフィールドノーツより）。リツコ先生は「うまく折りあいつけなければならないですね」とため息をつきました。

危機から回復へ

２ヶ月後のケース会議では、驚いたことに担任のサトルのイメージは、家庭訪問を繰り返したことの結果なのか、ポジティブなものになっていました。例えば、サトルがまったく勉強していないのではないかとトオル先生らは懸念しましたが、担任は「1回家庭訪問をしたときに……（略）……（本人は）勉強してたというんで、お母さんも嘘やろと言ってたのに、（確かめてみると）本当に部屋に（教科書などが）広げてある状況があるのを見て、あ、本当にしてたんやなっていう話になって」と、他教師が知らなかったエピソードをあげて、サトルの頑張りを強調しました。トランスクリプト5はこの会議の後半です。

まず、サトルの担任は「全然（学校に）来てない」から「週1回でも大変や」と、サトルが学校にくること自体の大変さに共感しています（1行）。その後、本人にさせる勉強のあつかいをめぐって議論になりましたが（4〜10行）、筆者はこれまで大人から評価される体験の少なかったサトルには、勉強の出来いかんよりも、自分の頑張りが大人から評価されること自体が重要と考え、「とにかく勉強とかなんとかより…（学校に）くるとか、大人にちゃんと認めてもらうとか、そういうことを積み重ねていくほうが大事」（12行目）と言いました。担任はサトルとはしゃべる関係にあると自信をみせ、リツコ先生はサトルが「しゃべる人を探して」いるんだなと言いました（13、17行）。このように2回目のケース会議では、前回のようなコンフリクトは生じることなく、サトルに関わろうとすることで皆の方向性が一致したのでした。サトルへの支援はその後、一進一退を繰り返しながらも続きました。

年度末が近づく頃になると、ようやく相談室に関わる教師と、それ以外の教師とにある認識のズレを埋めるべきだということが連絡会でも話題にされるようになってきました。リツコ先生は「ずっと4月から（不登校生徒の）記録をとってて」と、自らがこれまで一人でつけてきた記録の話題にして、「（職員室に）置いておくと、皆にも見てもらえるかなと思ってるんです」と提案しました。この提案には多くの先生が「誰も見ないんじゃないか？」といったような否定的な意見を言いましたが、リツコ先生はそれにもひるまず「でも、私が持っていたらみんなが見ることはないでしょ」と言いました。これは驚くべきことだと思います。なんといっても、年度のはじめには「嫌な思いするのもイヤ」だと言って、相談室がかかえる困難を発信することをためらっていたリツコ先生が言いだしたことな

トランスクリプト5

行	発話者	発話内容
1	担任	(とりあえず、週1回の夕方登校からはじめてみよう、という話題の続きで) まあ、全然 (学校に) 来てないで、ほら週1回でも大変や。
2	ダイキ先生	ま、そんな定期的なところまではまだ hh。まず一回くるというのをまず。
3	担任	うん
4	リツコ先生	したらまあ、ちょと、そういうかたちでー、どうやろな1回目は・・・(略)・・・で、そうしたらその一、勉強のほうーは、ちょっとおいとこっか。この前やってたやつは。
5	担任	いや、だから、あの、ドリルを。ちょっと回答は渡してるんだけどね。
6	リツコ先生	ふーん、そうしたら「これ来週までにやっとき」とか、そういうかたちで続けてくださいます？
7	担任	うーん、かー (＝それとも一)
8	トオル先生	(私が家庭訪問に) いった時に自主学習ノート点検はする。
9	リツコ先生	ふーん。
10	トオル先生	そのまんま、続けるつもりはしてるでー。
11	リツコ先生	はい、ほんならしてください・・・(略)・・・(松嶋) 先生いいですか？
12	SC	うん、まあ、とにかく勉強とかなんとかよりも、とりあえずやっぱり、(学校に) くるとか、大人にちゃんと認めてもらうとか、そういうことを積み重ねていくほうが大事なので、そういう意味での関わりやということだと思うんですけど。
13	リツコ先生	(先生方からサトルに) しゃべったってくださいってことですねえ。
14	SC	そうですね。
15	リツコ先生	じゃあ、そういうことでー。
16	担任	(自分が家庭訪問に) いったら出てきてるしー、拒んでることは今までいっさいないのでー。何でも話は聞ける状況にあるので。
17	リツコ先生	しゃべる人を探してやんねな。そうやな。

のですから。リツコ先生は生徒の困難を多くの教員に知ってもらうという目的のためには、情報を表に出すことで予期されるネガティブな結果をうけてもいいと思ったのかもしれません。また、「私が持っていたら、みんなが見ることはない」という発言にもあるように、これまで自分だけが情報を持っていたことが、抱え込みにつながり、かえってみんなの理解不足をうんだかもしれないという気づきがあるようにも感じられます。

第4節　バフチンの対話論

ミハイル・バフチンというロシアの文芸学者がいます。彼は「対話」について深く考えた人です。彼は「現実に発せられたあらゆる言葉は、話し手、聞き手、語られる誰かや何かといった三者の、社会的相互作用の表現であり、所産である」と言います。通常、私たちは何か言葉を話すとき、独力でそれができていると考えていますが、そうではなく、その人が埋め込まれている関係性からきりはなせないというのです。もちろん、なにか言葉を発すること自体は一人でもできるかもしれません。でも、それはどっちかといったら「音」に近いもので、しゃべっているのではありません。私たちが何か意味のあることを言おうとしたら、誰に向かってそれを言うのかが定まることが必要です（これを宛名性といいます）。それに、そもそも、人間というのは生まれた瞬間から、大人に取り囲まれて、泣き声のひとつひとつを「お腹がすいてるのかな」「オムツが濡れたのかな」と解釈される存在です。

自分が誰かに向けてしゃべったつもりはなくても、意味をもってしまうことだってあるわけです。つまり、他者との関係性から切り離されたところで言葉をしゃべるのは、ほとんどできないといってよいでしょう。

さて、彼のいう「対話」とは、単なる会話のように、どちらが正しいのかを決めたり、意見を一致させることが目的のものではありません。バフチンが「対話」の対義語としているのは「独語（モノローグ）」です。バフチンにいわせれば、これすらも他者から切り離された行為ではありません。一人だと思ってブツブツ言っていたら、実はその部屋には他に人がいて、その人に聞かれていたことがわかって、ひどく恥ずかしかったことはありませんか？　私たちがしゃべるときは、はっきりと意識していなくても、目の前にいる人に聞かせて大丈夫なことかどうかに気をつかいながらしゃべっていることがわかります。

誰かと対面してしゃべっている状況でも、独語におちいっていることはあります。「あの人は本当に自分勝手な人だ。こちらの迷惑を考えずにすぐに文句を言ってくる」と思い込んでいると、その人が発するどんな言葉も「文句」としてしか受けとれなくなります。実際には、とても重要な指摘だったとしても、です。このようなとき、人は実在の人としゃべっているようでいて、実のところ、自分のなかに勝手につくりあげた他者像としゃべっているわけです。バフチンの言葉でいえば、モノローグの状態にあるとき、周囲の他者は「異なる意識としてではなく、もっぱら単なる意識の対象としてしかあらわれない」のです。そうではなく、（バフチンはこれを「同等な意識に向かう権利」と呼んでいるのですが）自分とは異なる感じ方や、価値観、それらをかたちづくってきた過去経験をもつものとして相手を認め、その世界観を知ろうとするところから会話をはじめるところが、対話のはじまりになります。

ダイアローグをつきうごかすもの

学校内での連携をうまくいかせることが必要だということがわかっていただけると思います。では、そのためにどうしたらいいのでしょうか。ヤーコ・セイックラという人は、さきほどのバフチンの考えに影響をうけて精神医療のなかで「対話」を成り立たせるにはどうしたらいいのか考えています(Seikkula, Arnkil & Hoffman 2006)。彼らのアイデアのうち、日本では「オープン・ダイアローグ」が統合失調症に抜群の効果をもたらすとして注目を浴びていますが、セイックラの考えは統合失調症者への関わりに限られたものではなく、ひろく人々がつながりあうためにどうしたらいいかを考えるための土台を提供しています。

さて、セイックラは連携を成功させる要因のひとつとして、支援者が「問題」に自己をコミットさせることと距離をとることとのバランスを調節することをあげています。本論の内容に即していえば、生徒の気持ちにのめりこみすぎても、距離をとりすぎても連携はうまくいかないということです。「問題」に対して評論家的な立場にいる限りは、有効な支援には結びつかないのは自明なことです。支援者が「問題」を当事者として考えることが必要です。そのようにみてくるとリツコ先生は、最初に不登校生徒との関わりから、彼(女)らの辛さが本当にわかるようになったと言っています。不登校の生徒は、学校にくるのが辛いのだろうと頭ではわかる人は多いと思いますが、そのような頭でわかるわからないをこえて「ほうっておけない」気持ちにさせられる何かがうまれることが大事だといえるでしょう。私の経験では、これはリツコ先生だけに特殊なことではないと思います。ある中学校で不登校の支援に関わったある先生は以下のような語りをしてくれました。

別室についてはね、去年はほとんどあんま意識してなかったんですけども。（別室にいる生徒が）一人で勉強してる様子をみててね、なんかあの、可哀想というか、そういう感情がガーッと出てきて……（別室に）入れといたら最初は良いなと思ったんだけども……（勉強をはじめとして）何かできないだろうかというふうに（思いはじめた）。

この先生は、長年、生徒指導に関わってエネルギーにあふれた生徒と格闘してきた先生でした。そのこともあって、担当をまかされながらも、正直、不登校の生徒のことはわからないと感じておられました。その先生が、学校にきても担任が忙しくて顔をだせないなかで、ポツンと広い教室のなかで一人自習プリントをしている生徒の姿をみるにつけ、「感情がガーッと」出てきたと語っています。これは理屈ではありません。アルフォンソ・リンギス（2006/1994）という人は、人間には誰もが共有できる理由や目的に基づく「合理的コミュニケーション」とは別に、自らの意志によって開始されるというよりも、むしろ他者から訴えかけられ、それに何か応えなければと感じることで開始されるようなコミュニケーションがあると言っています。リツコ先生にしても、この先生にしても、実践の変化は理屈ではなく「この子を放っておけない」という感情としてはじまっています。

この理屈ではない感覚というのは強いと思います。先述のセイックラのオープン・ダイアローグでは、統合失調症者はしばしばモノローグにおちいってしまうといわれます。そうなる要因のひとつは統合失調症の人々の妄想や幻覚のためではあるでしょう。しかし、対話というのは双方向的なものです。患者が症状のひとつとしてモノローグにおちいるのと同時に、統合失調症者の支援者もまた、患者が対等な意思決定をする基盤をもたない人だと決めつけること、自分たちが考える価値観やケアの論理の方が、患者の考えよりも優れているとみなすこともまた、支援者のモノローグです。両者が互いにモノローグ的状況を強化しあっているとも考えられます。この状況をうちやぶるのには、なんらかの起爆剤が必要です。リツコ先生やタツオ先生のような放っておけない気持ちは、その意味では、ダイアローグをよびおこす原動力になります。

ダイアローグを膠着させるもの

ただし、リツコ先生の1年間をみてもらえばわかるように、リツコ先生の苦しみは、生徒の気持ちがわかるようになったことではじまります。リツコ先生は、最初、自分が発信して他の先生方にわかってもらえる自信がないといい、発信するのをためらっています。言ってみれば、リツコ先生は、最初のうち、連絡会でも、ケース会議でも、表面的には他の先生方としゃべっているけれど「対話」はせず、「モノローグ」にとどまっていることがわかります。「傷つくのもいやだし」という言葉にあらわれているように、リツコ先生のなかでは他の教員は決して自分の苦労などわかっていないし、話してわかりあえるとも思えないものだったわけです。そして、実際、ケース会議のやりとりのなかでは、リツコ先生にとっては「やっぱり、わかってもらっていない」としか受けとれない言葉ばかりが、他の先生から出されることになります。もちろん、他の先生はリツコ先生の苦労について、本人と同じようにわかっているわけではなかったでしょう。しかし、やりとりの詳細な分析から明らかなように、リツコ先生が提出した「困難」をなんとか解決しようとしてみんなが発言すればするほど、リツコ先生の「わかってもらっていない」という予感が確かめられるようなやりとりになってしまっているわけです。

ケースがうまくまわらないで困ったり、傷ついたりするのは、まずなにより生徒であるはずです。先生は「生徒に満足なケアを提供できる状況になくて申し訳ないな」と思うことはあっても、そのことによって自分が傷ついたりする必要はないわけです。そこで「自分が嫌な思いをする」と、みんなと生徒をともに支えていこうという提案すらできない状況にあるのは、やはり、ちょっと行き過ぎといわねばなりません。もはやリツコ先生の傷つきと、生徒の傷つきがごっちゃになってしまっているのです。セイックラの言葉をかりれば、これは対象と自己がコミットしすぎていることによっておこる問題です。このことは実は、生徒との関係においても危険です。生徒の気持ちがわかるようになると感じることと、実際に生徒が感じていることがわかることとは似て非なるものです。バフチンやセイックラの言葉をかりれば、リツコ先生もまた、生徒を「モノローグ」な対象としてみているのです。

モノローグから抜け出す起爆剤としての生徒の声

リツコ先生の苦しみが解消されていくのは、サトルのケースがうまくまわりはじめてからです。単にうまくいったことだけではなく、そのなかでリツコ先生は「自分がもってたら他の人がみることもない」というように、連携を阻害していたのは半分は自分にも責任があることに気づいています。このようになったきっかけは、やはりサトルのケースをみて、自分では思いもよらなかった変化がおこっていることにリツコ先生自身が気づいたのが大きいと思います。サトルが勉強しているなんてことは、リツコ先生もあまり考えていなかったことでしょうし、まして担任の先生が、家庭訪問に足しげく出向いてサトルのそのような側面を見出していたなどということも、リツコ先生の予想を（良い意味で）うらぎるものだったと思います。このような「自分にも知らない面があるんだ」ということに気づくことが対話への第一歩だと考えられます。子どもの姿が、多面的で立体的にみえてくることで、支援者もまた、むやみに自らの思い込みを子どもに投影することを抑制するようになります。

子どもを多面的にみていくためにはどうすればいいのでしょうか。子どもが自分たちの声で語ってくれるようになることに勝るものはないでしょう。おうおうにして子どもが語ってくれないとき、大人は自らのモノローグの世界で子どもを理解しようとしはじめます。こうなると子どものことを考えているのか、自分のことを考えているのかわからなくなります。子どもが語るようになることは、大人をこのような無限ループから救い出す力もあると思います。

本章で支援の対象となっているサトルのように、非行や不登校といった問題をかかえる少年たちも、よくみれば、おかれた生活状況の厳しさが背景にあり、周囲の大人の言葉を一方的に聞き入れざるをえない少年時代をすごし、どうにも聞き入れられなくなって問題をおこすにいたるというプロセスがあることに気づきます。このようになってしまった子どもに声をとりもどすよう関わることは、一人ではなかなか難しいことです。だからこそそのチームなのです。

第4章　「問題」生徒をかかえる学校 ― 警察連携

第1節　警察との連携は学校に何をもたらすのか

本章では学校と警察との連携についてあつかいます。同じく問題行動とはいえ、第3章でみてきた連携では、一部の先生だけが困っているものの、全体的には先生たちの困り意識は低くみえました。「怠学」「遊び型非行」として、それほど喫緊に対応する必要がないとみられていたわけです。もちろん、どんなケースであっても対応が遅れてよいわけではありませんが、2015年におきた川崎市の中学生殺人事件では、被害者となった中学校1年生の少年は、事件前、非行グループに入り、欠席が多くなっていることは学校にも把握されていましたが、しかし、「登校するのを待つ」という対応であって何か働きかけるということがなかったことが、事後的に批判されることになりました。

ともかくも本章では、先生たちが対応に困り果て、すぐに解決したいと思う問題をめぐる連携です。警察と学校とが連携ときいて、みなさんはどんなことをイメージされるでしょうか。1981年に放送された『3年B組金八先生』では、警察が校内に入り込んで生徒を逮捕するシーンがあります。これは、当時、非常に衝撃的なシーンとして人々に記憶されています。現在、私がこれをみて印象的なのは、周囲の大人たちが警察の介入に猛反発していることです。生徒がやったことは立派な犯罪だという警察に対して、教師たちも地域の人々も、警察が関わる以前に、悪いことを叱ってやるのが教師や大人の役割だと主張し、警察に頼るのはもはや教育ではないと主張する人が多くいました。学校教育と警察との連携は、かつて「ありえない」ものだったことがわかります。

それから40年近くがたち、現在では、良くも悪くも、学校と警察との連携は一般的になりつつあります。学校と警察との関係をめぐる変化の端緒は、平成14年に文部科学省が出した通知（「学校と警察との連携の強化による非行防止対策の推進について」）に求めることができます。この通知から数年後には多くの市町において「学校警察連絡制度」が導入され、警察と学校との連携が制度化されました（警察と学校との連携については芹田 2010, 2018も参照）。平成18年に文科省は「新・児童生徒の問題行動対策重点プログラム」を発表し、アメリカにおける「ゼロ・トレランス方式」をとりいれて、児童生徒が安心して学べる環境を確保するために「出席停止」や「懲戒」などの措置を含めた「毅然とした対応」をとることを学校に求めました（文部科学省 2006）。警察との連携も、こうした「毅然とした対応」のなかに位置づけられています。

ゼロ・トレランス方式（＝毅然とした対応）は、アメリカで違法薬物の売買や、銃の持ち込みといった、学校現場の荒廃をうけて考案されました。教員による裁量的な生徒指導を禁止し、細かなルールを設け、それに基づいて一律に罰するという教育方法です。この方式をめぐっては、アメリカでもさまざまな観点からの批判があります。結果的に生徒の「停・退学」処分を増加させ、学校からの排除を促進させるという批判や、貧困層や、人種的マイノリティなどが排除される傾向が強いことが指摘されています（American Psychological Association Zero Tolerance Task Force ed. 2008）。鈴木（2016）は、日本でこうした教育方法が導入されることで、結果的に、貧困家庭の子どもなどの社会的弱者が教育の機会を奪われてしまう危険性に警鐘をならしています。

排除的であるという危惧に対し、日本のゼロ・トレランスは「毅然としてとことん面倒をみる」「決して見捨てない」といったキーワード（例えば、嶋崎 2007）にみられるように、排除的ではないといわれます。たしかに、表面的には排除的には読めませんが、本当にそうなのでしょうか。山本宏樹（2015）は、①規則違反に対して厳罰をくだすかどうか、②対処における教員の裁量を認めるかいなかという2つの観点からわが国におけるゼロ・トレランス方式を類型化しています。軽微な逸脱から妥協のない厳格な態度でのぞむ一方、教師には裁量が認められており、粘り強い指導によって生徒の更生をうながそうとするもの（例えば「出席停止」などの措置をとった場合でも、教室以外の別室に呼び出して学習させるといった）を「訓育型」、すぐには厳罰を科すことはないが、教員による裁量権を一切なくし、細かなルールを運用しているものを「法治型」と呼び、これが日本型ゼロ・トレランスの特徴をよくあらわしているといっています。

訓育型には、教員の抱え込みなどの結果として、体罰など「不適切」な指導がおこるリスクがあります。「見捨てない」ことや「とことん面倒をみる」ことは良いことのようにも聞こえますが、重い問題をかかえる生徒との指導関係を続けることにリスクが伴うことは本書でもたびたびふれているところです。一方、法治型では形式的で、画一的な指導であるために、教師と生徒との信頼関係が築かれにくく、生徒に納得ずくで規則を守らせることができないというリスクがあります。

山本（2018）は、日本のゼロ・トレランスは、厳罰化の方向性よりも、「法治型」を標榜して「スタンダード」をつくる方が受け入れられやすいとみています。２０００年代に入って、若手教員の大量採用にともない、教員に生徒指導のノウハウが受け継がれないことが問題視されています。若手教員にとっては、ルールに基づいて「スピード違反の切符をきるような」指導がむしろ好まれる傾向があるというのはうなずけます。興味深いことに、こうした行き方に対しては、ゼロ・トレランスを批判する論者からは「待てない教育」として、「訓育型」を推奨する立場からは「教育の放棄」だと批判されています。

毅然とした対応の一環としての警察との連携は、本当に学校現場における教育的機能を壊しているのでしょうか。いまや警察と学校との連携は制度化され、とりわけ非行的な問題行動に悩まされる学校にとって、警察との連携は欠かせません。だから問題は連携することの是非というよりも、それが生徒にとってよりよい影響を及ぼすものになるとしたら、どのような条件のもとでか、を考えることでしょう。この問いに答えるためには、そもそも、現在の学校現場において、警察との連携がどのようになされているのかを知るところからはじめる必要があります。いったい、警察と学校との効果的な連携がうまれるとはどういうことなのでしょうか。それは非行的な生徒の生活にどのような影響を与えるのでしょうか。以下では、学校警察連携についておこなった関係者へのインタビュー調査をもとに考えていきましょう。

補導職員の二重のアイデンティティ

警察組織のなかにおける学校との連携の担い手には、警察官とともに「（少年）補導職員」があります。警察組織の一員ですが「警察官」とは違います。少年の非行について保護者や学校から相談を受けたり、少年が飲酒や喫煙、深夜徘徊などの不良行為をしているところをキャッチし、そこからさらにエスカレートしないように指導するために公園や繁華街などで少年を補導し、その少年の立ち直りをうながすために継続的に面接をおこなうことなどが主な職務です。臨床心理士の資格をもつ人も少なくありません。少年の立ち直り支援の専門家といえるでしょう。

私は、かつて、少年補導職員は学校との連携をどうとらえているのか、また、学校は警察との連携に何を期待しているのかを知るために、いくつかの自治体の警察組織に所属する補導職員12名（全員女性、経験年数＝約10年）に対して1時間から1時間半のインタビューを実施しました。連携の成功／失敗事例、連携しやすさの条件などを聞きました。また、補足的にいくつかの学校の生徒指導主事（10名程度）から警察との連携についてインタビューをおこないました。また、同時に連携先となる学校で生徒指導をつとめる先生にもインタビューをおこないました。以下では、その結果から学校と警察との連携を促進・阻害する条件について記していきましょう。

少年補導職員は、「心理の専門家」なのと同時に「警察組織の一員」でもあるという「二重のアイデンティティ」をもっています。そのため心理面接をしていても、受ける側がうける印象は、他の職域での心理面接とはかなり違います。普段はやりたい放題やっているようにみえる生徒であっても「警察」に呼び出されれば緊張し、「これ以上やったら警察に呼び出されるから、しっかり生活しよう」と言われれば、学校の先生の言うことも素直に聞けるようになる生徒もいます。つまり、警察組織には少年をシャンとさせるパワーがあります。少なくとも少年側は、ある種の強制力を感じていると考えられます。

学校の先生が警察に求めていることは、まさにこのことです。多くの先生が、学校と警察との連携に期待するのは「抑止力」です。「重石」「歯止め」など、表現はさまざまですが、要するに「自分たちを乗り越えてしまった」生徒たちを、もうこれ以上、悪くしないようにするために頼る先が警察なのです。

これに対して、少年補導職員の多くは、このような期待を背負うことに困惑しているようでした。つまり、上述の学校側からの期待の多くは、自分たちの職務を正しく理解しないでなされた、過剰な期待として受けとめられていました。例えば、中堅の補導職員マリさんは、自分からみると学校が「教育」としてやることまで、補導職員に求められていると感じて、以下のように語っています。

（生徒の故意ではない暴力で被害届を出す学校がありますが）警察として指導するときにも「（先生に）押さえつけられたから振りほどいただけだ」と言われると指導もしにくい。（学校側は被害届を出すことが抑止力になると思ったのだろうが）学校で指導できる範囲のことを全部こっちに持ってこられても……

補導職員からみれば学校が「教育」を放棄しているようにとらえていても、学校は学校で警察に頼ることを教育行為のひとつとしてとらえています。例えば、学校は被害をうければ自動的に「被害届」を出すわけではなく、多くの場合、それを出すことになんらかの教育的な思惑を付与しています。ただし、これをうけた警察は法律にのっとって手続きをすすめるのであって、必ずしも、学校側の思惑どおりの処遇になるとは限りません。そもそも「被害届」とは、被害をうけた側が、警察にそれを申告するという意味あいの書類です。それを受けとったことで、どのような捜査をしてどのように対応するかの判断は警察署に委ねられています。上の例でいえば、結果的に教師にケガをさせる生徒がいることは、学校にとっては重大な意味をもちますが、マリさんからみれば、それが「故意」の暴力なのかどうかが重要です。故意ではなく「もみあっているうちに手があたっちゃった」程度であれば、警察は「一度（警察署に）呼んで指導する」のがせいぜいだと判断するからです。

「叱る」ことは、学校でもできます。もちろん、学校側からすれば、同じ「叱る」であっても、警察に呼ばれてそれをされることがもつインパクトに期待しているのかもしれませんが、生徒との関係を悪くするリスクや、逆に、「武勇伝」として、当該生徒の非行仲間における地位を高める材料を提供するリスクをおかしてまで、それをすることが学校としてメリットがあることなのかどうかは、よく見きわめなければなりません。マリさんが語った事例は、デメリットの方が浮かぶような事例だったということでしょう。警察ならば、学校ではできない強権的な処遇ができると考えるのは、やはり過大な期待といわざるをえません。

このほかに次のような例もありました。ベテラン補導職員クミさんは、担当した生徒が、クミさんが求めた遵守事項（毎日登校する）を、ここ数週間のあいだ守れていたことから、この生徒への「継続補導」の措置を解除したいと考えていました。クミさんは警察が関わることが、どうしても本人や周囲にネガティブなイメージを与える危険性が高いと考えており、したがって、できるだけ短期間の接触にとどめたいと考えていました。長期間、警察が関わることが少年の社会適応にとってプラスにならないと思っているわけです。ところが、この生徒が通う学校は、クミさんからの継続補導を「終結」するという提案に難色を示しました。教師いわく、その生徒が問題をおこさないのは、生徒が警察の存在を意識しているためであって、継続補導をやめれば、またもとの状態に戻ってしまうと語ったといいます。警察からの関わりなしに、自分たちが生徒と対等な関係を築けるかどうか不安を感じていたためです。

ここでの語りからだけでは、学校と警察、どちらの見方が妥当なのか、私には判断できません。しかし、少なくとも、両者の思いにズレがあることは明らかです。このズレの源泉には、当該の生徒の状態について、両者のアセスメント結果の隔たりがあります。マリさん、クミさんの事例の場合、生徒は学校側からみると「手に負えない」存在であり、警察からのより強い介入に頼るしかない対象ですが、警察にしてみれば、現状、学校側でもまだ関われる余地のある生徒であると考えています。一方、クミさんの事例の場合、現在の「それほど問題をおこしていない」状態は、学校側からみれば警察のもつパワーによって抑えられた結果であって、根本的に生徒が変わったわけではないと考えるのに対して、警察側は、生徒は「頑張っている」生徒であって警察が関わりすぎることでディスパワーすべきでない生徒ととらえられています。

ここで重要なことは、両者が互いの立場からのアセスメントをしていることをこえて、どちらも自分たちのそれが正しく、相手のそれが間違っていると考えている点が、両者に不満をもたらしているということです。アセスメントは、あくまでも、それぞれが自らの立場から暫定的にだした「仮説」であって、いわゆる「正解」ではありません。正解がないことを前提としながら「（自分の目からみた）現実」をだしあうことで、生徒に対しての見方が豊富化されていくことが重要です。

そのように現実を重ねあわせることによって意味が豊富化していくことに意義を感じられたなら、両者の関係が葛藤的になることは少ないでしょう。（自分の目からみた）ということが自覚されていれば、そこで見出された「現実」が否定されたからといって、ムキになることは少ないように思えます。もし、互いの関係のなかでついついムキになり、くってかかり、不信感をつのらせるときは、知らず知らずのうちに（自分の目からみた）という部分が忘れ去られ、文字通りの「現実」になってしまっているかもしれません。実際、今回の調査でも、上記のズレに直面するたびに、補導職員は、本来ならば学校がすべき仕事を警察に丸投げされているように感じたり、自らの専門性をわかってもらっていないという（落胆する）感覚におそわれると語っていました。他方で、学校の先生方もまた警察こそ自分たちの感じている不安感を理解していないと考えるようになる場面は多いと思います。私がスクールカウンセラーとして関わってきた学校でも、こうした連携相手に対する不信感が語られることは非常に多くありました。第3章でみてきた校内連携と同じように、双方ともにバフチンのいうところのモノローグ的な態度になっているというわけです。

なぜ、このようになってしまうのでしょうか。両者の出してくる「見立て」が、互いの実践の方向性を正当化するものになっていることがひとつの原因になっていると考えることができます。例えば、クミさんの事例であれば、警察は自分たちが手をひくことを正当化するために、生徒が立ち直りの途上にあるというアセスメントを用い、学校は警察に手をひかれると困るということを、生徒の立ち直りがすすんでいないというアセスメントとともに語るといったように、です。これ以上、生徒に問題をおこされたくない学校にとって、警察が関わってくれることは非常に切実なことであることは容易にわかります。これまでに自分たちはいろいろと手をつくし、煮詰まってしまって助けを求めているのに、これ以上何をやったらいいのかわからないといったように学校は当惑するわけです。

第2節　生徒指導の先生の語りから

警察との連携をめぐる教師の不満

前節では、学校と警察との連携が不首尾に終わるケースについて考えてきました。このような状態をどのように克服していけばよいのでしょうか。考えるためのヒントとして、うまくいっている連携体制とは、どのようなものなのか、どのような過程をへてできあがり、どのような結果を学校にもたらしてくれるのかをみていくことにしましょう。以下ではカズ先生、コウジ先生、ノリ先生の3人の生徒指導主事の先生の語りをもとに考えていくことにします。

まずは、カズ先生の事例です。カズ先生がいたO中学校では、かつて反社会的な問題行動が相次いでいた10年以上前から警察との連携体制の構築に積極的に取り組んでいます。O中学校は、いまでこそ、補導職員などからは「連携がとりやすい」と評価されており、また、学校側も「（警察には）よくしてもらっている」と感謝するといったように、相思相愛のなかですが、10年以上前はまったくそうではありませんでした。警察は学校に対して「中学校の人は何をしてるんだ」と責めるような意識をもっていましたし、学校側でも「警察は何もしてくれない」という被害者意識をもっていたのだそうです。両者の関係性を変えたのはいったいなんだったのでしょう。

カズ先生がO中学校に赴任した頃からはじめましょう。当時、O中学校では「器物損壊」「対教師暴力」など、日常的に生徒指導に関わる事件がおきていました。O中学校では、こうした問題を「できるだけ内側に抱え込んでなんとかしよう」としていました。教師が生徒からかなりひどい暴力をうけてケガをしても、被害届を出すという選択肢はとらず、なんとか学校内での指導でおさめようとしていました。これはなかで働く先生にとっては、かなりストレスフルな状況だと想像がつきます。殴られようが蹴られようが、生徒のしたことだからと我慢するわけです。ひどい目にあっているのに管理職の先生から守ってもらえないというようなやりきれない感覚をもっていた先生もいたことでしょう。ともかくも、「被害届」は、先生たちが被害をギリギリまで我慢したあげく、さらに暴力や逸脱行為がエスカレートしてはじめて出されるものだったということです。

「被害届」を出す学校側にしてみれば、これまで散々苦労と我慢をかさねて指導してきたという文脈があるわけですが、警察にはそうした関わりの履歴は伝わりません。いきおい警察は学校が「丸投げ」してきたと受けとってしまうことが予想されます。カズ先生は当時の警察とO中学校との関係を象徴する以下のようなエピソードを語ってくれました。

（あるときO中学校の学区がある街を所轄する警察署の関係者が学校を訪問し、O中学校の管理職がボロクソに怒られていた）「お前の学校はどうなってるんだ」って言ってね。でも教頭も（警察のことを）ボロクソに言ってましたから。「何もしないで！　うちの現状も全然知らないで！」と言って怒ってたから、それではもう絶対アカンなと．．．。

上記のエピソードはカズ先生の視点からみたものであって、当時のO中学校の実態をあらわしているとは限りません。しかし、少なくとも警察からすると、補導職員が語っていたように「対応が良くない学校」とうつっていたことでしょう。他方で、学校側もまた、自分たちのしたことをとがめてくる警察に不満をもっていたことがわかります。

相互不信の状況をみて、「これはアカン」と思ったカズ先生がはじめにやったことは、ポケットマネーで差し入れのケーキを買って警察署に行き、特に話題がなくても顔つなぎをすることでした。そうすることで警察に自分たちがどれほど大変であるかが伝わるようにしたのです。その結果、警察の職員との人間関係を築くことができたカズ先生は、何かあったときに積極的に警察に助けを求め、警察の方でも、警察からみればそれほど必要ではないことであってもやってくれるようになりました。

警察の部長さんからも以下のようなことを言われたそうです。

（連携する以前は学校がしていることがわからなかったので）事件があってバーンと被害届持ってこれる。．．．被害届出して、あとは警察に丸投げして「警察がなんとかしてくれる」というくらいに思ってる（と思っていたが）、情報交換することで（場合によっては）やっぱり警察の力を貸したらなあかんな（ということがわかった）。

連携をとる以前には、いきなり被害届だけが出されて、警察に丸投げされていると感じられていたけれど、連携をとってみると、これまでみえない学校の努力がみえるようになり、警察が関与するべきケースであるという見分けもついてきたということです。ちなみに部長さんは「警察だって、やっぱりやってるのは人間だ．．．（相手方と）気持ちが通じあえたから、こっちも一生懸命やるし。そっちも一生懸命やってくれる」といったそうです。これは警察と学校との情報の交換にとどまらず、人間的なつながりができたことがわかります。カズ先生は、それ以来、この「インフォーマルなつながりづくり」が生徒指導をするうえでとても大事だと思うようになったといいます。

このO中学校の事例は、冒頭でとりあげた「学校警察相互連絡制度」がまだなく、学校と警察との連携が決して当たり前でない、個々の学校の努力に委ねられていた時代のエピソードです。ですから、現在ではカズ先生のような特別な努力をしなくても警察との連携の門戸は開かれています。そこで当時は良いと思われていた「人間関係を築く」という実践上のコツも、制度があるなら、なぜ余計なことをしなければならないのかといったように、現在の先生には負担と感じられることもあるかもしれません。

警察との連携による「教師ができること」の再定義

組織間の連携の促進は、校内の体制の見直しにつながります。

カズ先生の語りに戻りましょう。カズ先生はO中学校の生徒指導主事に任命されたとき、これまでの校内体制を変えようと決意しました。カズ先生は、これまでの生徒指導体制のなかでは、非行生徒がどれだけ問題をおこしても、校内で抱え込んでしまっていました。それが警察署の不信感をあおっていたのは前節でみたとおりです。警察との連携をすすめていく以上、そこは変わらざるをえないと感じられたのです。

このような体制の見直しは、警察と連携することと直接的に結びついていますが、カズ先生のアイデアはこれだけにとどまりません。先生は、生徒指導主事として、以下のようなことをやろうと思っていたと語りました。

（警察とは関係なしで）ここはやっぱり学級づくりをしなければならない。勉強をしっかり教えなきゃいけない。行事とか、そういうところでリーダーを育てないといけないっていう3つの柱を、自分らが腹の中に入れて、これはだから、中で、やんちゃな子ももちろん入れて、学校づくりを立て直すひとつの基盤方針としてもってて、それを徐々に積み上げていったんです。

ここで語られる「学級づくり」「勉強をしっかり教える」「行事ではリーダーを育てる」といったことは、警察との連携とは関係ないようにみえます。「荒れ」ていない学校でもおこなわれていることです。とはいえ、カズ先生にとっては、これは警察と連携するときに欠かしてはならないことだったようです。つまり、警察との連携がすすむことで対外的な変化がもたらされることは、校内的な実践の変化と連動していなければならないと考えられていたわけです。

同じようなことは、カズ先生もその手腕を認める、U中学校のコウジ先生からも聴くことができました。コウジ先生には、一人の生徒を熱心に指導したものの、問題行動がなかなかおさまらず、最終的には警察が逮捕することになってしまったという苦い経験がありました。コウジ先生は警察との連携には意義を十分認めていたものの「教師として譲れないものがある」と思っていたといいます。コウジ先生の語りをみてみましょう。

（いくら歯止めが必要だといっても）せめぎあわなかったら…。もう何でも「手に負えないから、じゃあ警察のお世話になったら、もう、いいじゃないか」みたいな。（生徒を）切り捨ててしまって「こいつがおるから学校がダメになる」みたいな話になって、そこで言うこと聞かないやつ（生徒）は、（警察に）「ハイ、どうぞ」っていうふうになるのは、やっぱり学校じゃないっていうふうに思いますので…

コウジ先生は、いくら学校が荒れているからといって、その中心となる生徒をただ排除するために警察を用いるのは「学校じゃない」という信念をもっていました。しばしば、警察との連携をする目安として、生徒が「教師の指導をこえた」場合にそうするという言い方があります。しかし、上記の語りからは、両者の境界はこっちは学校、こっちは警察というように截然と分かれているようなものではなく、実践のなかで常に交渉されていることがわかります。

警察との連携による学校にとっての「問題」のとらえ直し——テツヤの事例

以下では、前節まで検討してきたことを、ひとつのケースのなかで総合的にみていきましょう。W中学校の生徒指導を担当するノリ先生は思い出深いケースとして、前任校で担当したテツヤのことを語りました。ノリ先生がテツヤと出会ったのは、前任の中学校で生徒指導の担当になった初年度のことでした。前任のW中学校には教師の指導がまったく入らない3年生の生徒が何人かいました。対教師暴力もありましたし、学校中のガラス窓が割られたこともありました。深夜徘徊で補導されることも日常茶飯事でした。

不思議なことに、こうした生徒たちは1、2年生時はまったく目立った問題を出しませんでした。テツヤ自身も家にひきこもりがちであり、反社会的な問題行動をする現在の姿は想像できなかったといいます。転機が訪れたのは3年生になってすぐの時期、ひょんなことから年長の無職少年との出会いがあり、深夜徘徊などの不良交友がはじまったのがきっかけです。もともと、生活を支えるために仕事に奔走していた母親からほとんど構ってもらうこともなく、家にいても居心地が良くなかったテツヤは、一気に不良交友に染まっていったようです。その中学校の先生たちは皆、テツヤの激変ぶりにまったく対応できず、指導してもすぐにまた同じことの繰り返しといった具合で、夏頃には先生たちは後始末にすっかり疲弊していました。ノリ先生はその頃のことを「(先生方は)どうしたらいいのかわからなくなってたと思うんですよね。無力感というかね、何をどうしても同じことを繰り返しやがるっていう無力感もあって、すごくしんどい思い」をしていたとふりかえります。

ノリ先生にとっての救いは、警察の補導職員とのコンサルテーションの時間でした。二人でテツヤの生育歴をみかえすなかで、幼少期から不安定で虐待的な養育環境におかれていることがわかりましたが、これはテツヤが1年や2年といった単位で劇的によくなることは望めないという認識に結びつき、それ以降はむしろ、長期的な視野にたって育ちを見守ることが大事だという認識にいたったといいます。このような見立ての共有に勇気を得たノリ先生は、校内での対応を見直すと同時に、長期的に見守る体制をつくるため、なんとテツヤの保護者に警察(の非行相談窓口)、つまり、少年補導職員を相談先として紹介したのです。

問題は出るだけ出ればいいやと思っていました。(生育歴をみれば、この生徒の背景には相当根深いものがある)そんなものが、1年やそこらでね、スッと改善されるなんてことは…まずないので。長期的な視点にたったときに、(卒業後も)弱ったときに、この子自身も生活安全課とか、相談に行ける場所をつくっといてやったら、それなりに犯罪にポーンと走ってしまう前にワンクッション置けるんじゃないかなって……。

語りをみてみましょう。ノリ先生は対応するための前提として「問題は出るだけ出ればいい」という認識をもっていたと言っています。警察との連携に多くの学校が「抑止力」や「重し」を期待しているのは、「問題」が出ないことをよしとする認識にたったものと考えられますから、ノリ先生の考え方はこれとはまったく逆です。いわゆる「長期的な視野」というやつですが、現場で日夜生徒と格闘している先生がこのような認識をもつことは、なかなか簡単なことではないと思います。ノリ先生がキレイゴトを言っているわけでもありません。実は、現在のW中学校にも1年生の頃から問題行動をおこす生徒たちがいました。みんなが悲観的になるなかでノリ先生だけは「1年生のうちからこうやって問題が出てくるのはいいことだ」と言っていると、W中学校の先生から聞いたことがあります。テツヤとの出会いが、ある意味で成功体験となって、その後のノリ先生の実践へのスタンスを方向づけていることがわかります。

さて、テツヤの事例についていえば、ノリ先生が警察との連携によってやろうとしたことは、テツヤの問題行動をむりやりに抑え込むというよりも、むしろ、W中学校の教員たちがテツヤの問題行動にとことんつきあっていけるように、(逮捕も含めて) テツヤの行為がとりかえしのつかない結果を招かないようにするためのセーフティネットをつくりあげたことだといえます。教師の指導を乗り越えてしまった生徒をより強い力で統制するのとは正反対です。逆に、テツヤの問題を、在学期間の3

年間、あるいは学校の敷地のなかでおこる、といった枠組みをこえて、より長い時間的展望、より大きな空間的枠組みのなかで生徒の育ちをみたものといえます。

ノリ先生の指導方針は、校内の教員はもとより、外部機関には（生徒の問題行動がおこるのを積極的に待つ＝被害を増やすことになるという意味で）負担を強いていくことになったり、学校教師の指導力に対する否定的評価（ちゃんと指導しているのだろうか。指導が甘いからこんな結果になるのではないか、といった）を招くもとになりかねません。実際のところ、教員のなかにはテツヤが問題行動を繰り返すたびに「またか」と落胆し、当該学年以外の教員から「もっとちゃんと指導しなければならないのでは？」といった指摘がよせられることもあったといいます。ノリ先生はこのようなときこそ発信していくことが大事だといいます。「朝の打ち合わせなどで、やっぱり、夜、家庭訪問行ってもらったりしたことについては、……しょうもないことかも分からないけども、日々やっぱり積み重ねてもらっていることを……（教師が）動いてることはやっぱり伝えていこうということで」と、全校の教職員に向けて報告してもらったと言います。そうすることで、校内的にも教師がやっていることのしんどさがみえるようにしたということです。

第3節　警察と学校との連携がもたらすもの

パワーかリフレクションか？

警察と学校とが連携するというとき、多くの学校の先生から期待されているのは、自分たちの指導を乗り越えてしまった生徒を、さらに強い力で抑え込む「重し」を手に入れることです。このようなタイプの連携を「垂直方向への連携」と呼びましょう。これがめざすのは問題の「解決」です。つまり、学校側の体制はそのままに、そこからはみでようとする生徒をより大きな力で抑え込むことです。これらがうまくいかない状況をうみだしていることは、これまでの補導職員や教師のインタビューからもわかります。そもそも、警察にはそのような大きな力があるという考え方自体、警察からすると自分たちのことを理解していないということになります。

ここまでの補導職員や教師の語りを並べると、連携がうまくいっているときには、例えば、教師の監督を乗り越えて犯罪に走っている生徒を「逮捕」するといったような、「警察しかできないこと」をしてもらえるようになることはもちろんだとしても、それらは全体のごく一部であることに気づきます。むしろ、警察に求めるものの意味づけが多様になることがわかります。また、教師自身、警察と連携するということを念頭におくことで、あらためて自分たちの実践を省察し、「教師にしかでき

表2　垂直方向への連携と水平方向への連携

	問題への態度	関わり手によって見通される時間	「問題」がおきる空間	警察の役割
垂直方向への連携	生徒をより大きな力によって抑圧することによる解決	生徒の在学中	学校内	より強い指導者の1人として
水平方向への連携	教師のあり方をふくめたこれまでの枠組みの拡張による解消	生徒の生涯発達	社会全体	多様なかかわり手の1人として

ないこと」を考えられるようになること、そして教師にしかできないことを最後までやりきろうとする態度がうまれることもわかります。

こうしたタイプの連携を「水平方向への連携」と呼んでみましょう。テツヤの事例はその典型例といえます。ノリ先生の語りのなかで特徴的なのは、警察には教師の指導を乗り越えてしまった／ようとする生徒を統制するパワーを必ずしも期待していないことです。むしろ、警察職員のコンサルテーションのなかで、学校内での問題行動のみならず、テツヤの家庭環境や校外の交友ネットワークなどを視野に入れたアセスメントがおこなわれた結果、テツヤの問題が中学校卒業をもって終わることではなく、将来にわたってテツヤの更生を支える必要があるとの見通しを与えてくれたことに感謝する語りであったり、学校以外に保護者が頼れる相談窓口として補導職員を紹介するといった語りであったりと、どちらかといえばソフトな対応を求めています。

ここでめざされているのは、問題の「解決」に対して「解消」とでもいえるものです。つまり、生徒への指導を通して、生徒の行動も変化するでしょうが、それとともに教師が自らの実践を省察し、価値観や信念、体制のあり方を変えていくことで、当初考えていた問題が問題でなくなるというわけです（表2）。

垂直的問題解決から、水平的な問題の解消へ

本章のいくつかの語りから、連携が葛藤的な状況をうみだしているとき、少年補導職員も、学校の先生も、ともに自分たちの主張が正しいと考え、それを他方が受け入れてくれないことを嘆くという構図がうまれていました。これまでの章でも繰り返し紹介してきたバフチンの考えに基づくならば、こうした状況は、互いが、自分たちからみえる相手の姿を、相手のすべてであると思い込んで発言するという、モノローグ的な状況におちいっていることがわかります。お互いに他人のせいにして、動こうとしない状況がうまれています。このような状況で、不利益をこうむるのは非行少年本人です。

モノローグの壁を破る力はどこからくるのでしょうか。第一には、バフチンがいうように、自分たちの見えの有限性（＝未完結性）に気づくことがあげられます。本章のカズ先生が警察との連携をはじめた頃の実践にはそれがみえます。警察は、最初、学校は「手に負えない生徒を丸投げしてくる」ものだとみていましたが、自分たちには、結果的にはうまくいかなかったけれども、先生方が日夜、生徒指導に奮闘していたということに気づいていなかったことに気づき、そのことが連携体制の構築にはプラスに働きました。

第二には「選択肢」を増やすことがあげられます。本章で検討した事例に関する限り、学校と警察

との連携が葛藤的な状況になっている事例では、学校としてはとっくに手詰まりになっており、警察だけが頼りという状況になっているのに、警察は学校側がみるべきだと主張して動いてくれないといった状況になっていることがわかります。学校と警察とが互いにケースを押しつけあっているわけです。これは逆に考えれば、手詰まり状況を解消できるようなオルタナティブがあれば、このような二者択一の状況におちいらなくてもすむとも考えられます。保護者をはじめ、地域で活動する人々、非行生徒があこがれているヤンキーの先輩にいたるまで、いろいろな人をまきこんで、関わり手を増やすということもできますし、あるいは、解決像自体をかえることで、これまで気づかなかったリソースが埋もれていることとの発見につながることもあるでしょう。本章でみてきた例でいえば、ノリ先生の実践があげられます。警察に、言うことをきかない生徒を抑え込む力をもらうかわりに生徒の長期的な見通しについて見立ててもらうことで、腰をすえた関わりができ、非行生徒をうまくかかえることに成功したケースもあるわけです。

学校は、警察と連携する際に、これまでの実践を、より強い力を借りることで乗り切ろうとするのではなく、これまでの実践を見直し、あり方を変えていくことが連携を円滑にすすめるための秘訣なのかもしれません。ともあれ、それがなかなか困難な課題であることも同時にわかります。例えば、本章ではリーダーシップのある先生のアイデアや行動力が効果を発揮していました。どの学校でもこのような適切なリーダーシップに基づく連携がなされるとは限りません。効果的なリーダーシップの取り方といったものについてさらに検討をすすめる必要性があるでしょう。また、本章で検討した事例のなかでは、警察側は、ある意味、学校教育のもつ意義を理解しており、自分たちが連携することによってそれをより発揮してもらいたいという方向性をもっていました。いわゆる警察官とは異なる、補導職員があいだに入っているということも、このような方向性の維持に一役かっていると思われます。警察側が学校のこうした教育的機能への信頼をなくし。また、教師側にも生徒をかかえる「ため」が失われた際には、学校から生徒を教育するという機能が失われていく危険性もうまれるかもしれません。

第5章

学校の「荒れ」と反社会的な問題行動をする生徒たち

第1節　学校が荒れるということ

学校は子どもが「社会化」されるうえで重要な役割を果たしています。これまで学校では、本書がテーマとする「非行」をはじめ「不登校」「発達障害」「いじめ」といったさまざまな問題をうみだしてきました。学校で反社会的な問題行動、非行的な問題行動をする少年たちに対して、学校はどのように向き合えばいいのでしょうか。本章と次章では、筆者が3年間、継続的にフィールドワークをおこなってきた、ある中学校での調査に基づいて、この問題について考えていこうと思います。まず、学校において生徒はどのように非行をはじめ、それを深化させていくのか、いくつかの実証的研究を紹介するなかから議論をはじめていきましょう。

多くの研究から、少年を非行に走らせるうえでもっとも大きな影響をもつのは、「学力」が低いことや、保護者からの虐待や不適切な養育といった要因、そして「非行的な友人」がいることであることが明らかにされています。例えば、小保方・無藤（2005, 2006）は、中学生を対象とした継続的なアンケートを実施しています。アンケートでは喫煙、深夜徘徊、万引きといった「非行」を自己申告してもらい、それがどのような要因と関連があるのかを調べるのです。その結果、非行ともっとも関連が深い要因は、「逸脱した友人の存在」でした。子どもが非行に走ると、きまってその親の育て方が問題にされます。小保方らの研究では、「親子関係の悪さ」は、中学校1年生の時点では影響がありますが、2年生以降になるとあまり影響しなくなり、3年生になると、自分の行為をセルフ・コントロールできるかどうかが影響をもつようになるという結果が得られました。親子関係がうまくいっていない状態に、学校で非行的な仲間と出会うことが、一気に非行化をすすめていくといえるでしょう。研究のなかには、親子関係よりは、（非行的であるかいなかを問わず）仲間関係の方が影響力が強いと指摘しているものもあります（酒井・菅原・木島ら 2007）。西野・氏家・二宮ら（2009）もまた、逸脱した友人の存在や、親子関係などが非行に関係しているという結果を得ています。

これらの結果をまとめれば、親から虐待やネグレクトなど、不適切な養育をうけている子どもであったり、小学生の頃から学力が低いとされていた子どもは、中学校での生活に適応することに困難を感じ、そこで非行的な友人とのつながりに居場所をみつけるようになり、非行を深化させていくといった経路が描けることになります。生徒の非行が深化していくことを防ぐためには、上記の経路をたどることを、どこかで変えていく必要があるといえます。

学校とのつながりと非行

非行にいたる経路に変化をもたらすうえで、本章でまず注目するのは「学校とのつながり（school connectedness）」という概念です。これは生徒一人ひとりが、自分は学校での学習についてだけでなく、一人の人間としても、学校で接している大人（例えば、教師）や仲間たちからケアしてもらっていると感じるかどうかを示します。これまでの研究から「つながり」を感じている若者ほど、喫煙や、飲酒、薬物乱用、暴力など、多くのリスクのある行動をとらないことがわかっています（Jessor, van den bos, Vanderrin et al. 1995; Resnick, Bearman, Blum et al. 1997; Crosnoe, Erickson & Dornbusch 2002; CDC 2011; Patton et al. 2006）。これは「学校に通うこと」「学校でおこなわれる活動に参加しようという意識」や、「非行的でない友達がいること」が非行を防止する機能をもつというアメリカ保健福祉局の調査（U.S. Department of Health and Human Services 2001）とも符合しています。日本では岡邊（2010）が、犯罪をおかした人が、その後再犯するかどうかを左右するのは、中学校2年生時の学業成績が高いこと、非行集団外の友達がいることだということを明らかにしています。いずれの要因も、学校に登校して学校的活動に参加していることが関わっています。授業に出ることは学力を高めることにつながります。非行に関係のない友人は、やはり学校に来なければ得ることはできません。

さらに「学校とのつながり」概念が斬新なところは、非行に走るという、ともすると社会規範や道徳の問題とみられることを、その人の生涯にわたる健康に影響を与える問題だといっているところです。非行に走ることは、社会に迷惑をかけるだけでなく、自らの幸せや健康も損なうリスクがあるわけです。これは非行からの立ち直りが、社会秩序を守るのみならず、本人の幸せにもつながるべきであるという本書の主張にもつながるものです。

問題は、では、「学校とのつながり」をつくるにはどうしたらいいのか？ということです。CDC（アメリカ疾病管理予防センター）（2009）は、つながりをつくりだす条件として、「大人からの支援」「非行的でない仲間集団に加わること」「授業に出ること」「落ち着いた学校の雰囲気」をあげています。これは指針として大切であることはわかるのですが、残念ながら、どうすればいいのかをわかりやすいかたちで示したものではありません。

例えば、「授業に出ること」、「非行的でない仲間集団に加わる」とは、達成された状態をあらわしており、そういう状態をつくるためにすべきことは別にあります。非行的でない仲間集団に加わることが大事といわれても、友達は自分一人の思惑でつくれるものではありません。その点、授業に出ることは一人でもできそうですが、勉強がわからずに授業に出ても退屈で、居眠りするしかないとすると、やはり、これも個人の努力だけではいかんともしがたいものがあります。

また、学校は非行的な仲間との出会いの場でもあります。多くの非行生徒は、学力不振であったり、迷惑行為などの理由から教室に居場所がなく、学級外での非行的な仲間とのつながりを求めます。とすれば、仲間との関係性のみならず、彼らにどのように学力の補充をしていくのかといった問題とも切り離しては論じられません。学校には非行的ではない多くの生徒がいるわけですが、非行的な生徒が学校にくることは、こうした生徒たちの学習機会を奪うことにもつながりかねません。

加藤・大久保（2006, 2009）は「荒れた」学級と、荒れていない学級の2つの学級において、問題行動を自らもやっている生徒と、非行をしない生徒の両方がどのような意識をもっているのかをみています。荒れた学級にいる生徒のうちでは、問題行動をより多くおこしている生徒よりも、一般生徒の方が、学校が嫌いであることがわかっています。（第2章でもふれましたが）荒れている学校では、そうではない学校よりも、問題生徒と一般生徒への生徒指導上の対応に差が出る「ダブルスタンダード化」がおこっていることが多く、そのことによって一般生徒がより強く不公正感をもっていることを明らかにしています。つまり、学校に来させることが非行生徒にとってはよいとしても、そのことが非行をしない生徒たちの不満を増長させ、学級の荒れを助長する結果になることさえあるということを示しています。

このようにみていくと、学校とのつながりが育っていく過程は、教師との関わり以外にも多くの要因が複雑にからみあってできていることがわかります。また、中学校という場所は、3年間の時間の流れのなかで生徒たちが育っていくわけですから、時間の流れを考慮に入れる必要もあります。同じく低学力といっても、1年生のクラスでの勉強についていけないということと、3年生のクラスで勉強についていけないこととはその成り立ちには当然違いがあるでしょうし、受験も控えた3年生と、入ったばかりの1年生とでは勉強ができないことが個人にもたらす意味も異なって当然です。仲間との良好な関係といっても、1年生に入ってきたばかりの段階での仲間と、3年間をすごした仲間との関係とは、それが個人にもたらす意味はかなり変わってくるでしょう。大規模な調査結果からは、非行につながるいくつかの要因を明らかにできる良さがありますが、その反面、日々の学校生活のなかで具体的にどのようにつくりだされており、維持されていくのかをみていく必要があることがわかります。

以下では、私が3年間にわたっておこなった、ある公立中学校Xでのフィールドワークをご紹介しましょう。この学校は、「荒れ」ているといわれている学校です。ある中学校の校長先生は、外からみてわからなくても、中に入って真剣に指導していけば、たいていの学校は「大変な学校」になるものだ、しかし、なかには外から見るだけで大変な学校もある、とおっしゃいました。そういう意味でいえば、X中学校は、外から見るだけで大変な学校です。いわゆる非行的生徒も多く在籍していました。彼（女）らの3年間の軌跡をおっていくことで、学校とのつながりが具体的にどのようにつくりだされていくのかをみていこうと思います。

X中学校における「荒れ」の状況

フィールドワークの舞台となるのは、近畿地方にある公立中学校のX中学校です。X中学校のあるA市は人口6万人程度の小都市です。近年になって商業施設が多く立ち並ぶようになりましたが、市街地を少し抜けると田園地帯のひろがる豊かな自然に恵まれた地域がひろがっています。そのA市にあって、X中学校は、商業施設が並ぶ地域を学区にもつ、全生徒数が700人程度の、この地域にしてみれば大規模校にあたる学校です。生徒は2つの小学校からやってきます。校区には、親が比較的裕福で教育熱心な地域もあれば、経済的に苦しく、不適切な養育が心配されるような家庭が数多くある地域もありました。このように経済的にも、生活環境にも異なる家庭が混在することもあって、長年にわたって生徒指導が困難な学校として有名でした。ひどく荒れたこともあるし、逮捕者が出たこともありました。私に依頼がきたのは、しばらく比較的落ち着いた時期をへた後のことです。

私は3年間、研究目的でこの学校のさまざまな活動に参加しました。入学した生徒が1年生だったX年の4月から、3年生となって卒業式をむかえるX＋3年の3月までのあいだ、この学校のさまざまな活動に参加しました。学校を訪問したのは午前9時から午後3時まで、月に1、2回、合計51日でした（1年目：19日、2年目：15日、3年目：17日）。フィールドワーク活動は学校長の許可のもとおこなわれました。各学年度の終わりには先生方に半構造化インタビューをおこないました。インタビューは調査意図と使用文脈を説明のうえで同意を得て、ICレコーダーで録音しつつおこないました。

私が1年生の廊下に出てみると、授業中だというのに10人以上の生徒が廊下でたむろしているのが目に入りました。とはいっても、先月まで小学生だった名残りか、そこにいるのは、皆、あどけない顔立ちをした少年、少女たちです。そんな外見からは想像もつかないくらい、学校の教師と関わるときの彼らはとてもトゲトゲした雰囲気のある子どもたちでした。先生が「教室に入ろう」と言ってもまるで耳をかそうとせずに廊下で騒いだり、注意する教員に対して「うるさい」と言ったりするのを繰り返していました。

私は原則として隔週に1回のペースでこの学校に通いました。以下では、通いはじめてまもない5

月初旬のある1日におこったエピソードを示しましょう。それはこのようにはじまりました。

授業見学をしていると、廊下からどなり声が聞こえてきた。「なんだ?」と担当の先生が廊下に飛び出していき、授業は一時中断される。それまで比較的おだやかだった教室の雰囲気は、男子を中心として騒然としたものとなった。彼らは次々に廊下の方に走っていき「コウジとケイがケンカしてる」とクラス中の男子に伝えてまわる。…私は「まあまあ、落ち着いて」と彼らをなだめるが、聞き入れられる気配はない。この授業では小学校の復習のような計算ドリルをやることが課題だったが、サッサと終わらせてしまう生徒がいる一方で、まったくわからないと半ば投げ出していた生徒がいた。ケンカに騒いでいたのは主に後者の生徒たちであった。…廊下に出てみる。コウジとケイ、そしてアキがいる。かけつけた男性教諭がその取っくみあいに割って入り二人を引き離す。もう一人の女性教員は、野次馬で廊下に出てきた生徒を教室に入れるのに追われている。いつもはにこやかなこの先生も、さすがに顔がこわばり、強い口調になっている。授業後「も〜、どうすればいいんでしょうか。私もね、こういう生徒にこそ優しくしなきゃとは思うけど…」と戸惑いながら話す。(X年5月のフィールドノーツより)

授業中にもかかわらず、他のクラスで授業に入っていなかった生徒同士のケンカがおこりました。当事者となったのは授業エスケープ常習のコウジとケイでした。もちろん、このようにケンカがおこること自体も、いわゆる「落ち着いた」学校ではありえないことですが、注目すべきは、それまでは授業に参加していた生徒までもがケンカがおこったことに興奮し、騒ぎ、ケンカがおこっていることと以上に大騒ぎになってしまったことです。もし、授業に参加している生徒たちの多くが、授業時間を大事に思っていたり、授業中は静かにするものだというルールを守ろうとしていたら、騒ぎが早くおさまらないかと当惑したり、注意したりするはずです。学校の先生にしても、授業エスケープする生徒への対応はするものの、生徒がしでかすことにいちいち騒ぎだす生徒への対応はしんどいものであったと思います。

もうひとつの事例を示しましょう。同じく5月頃のことです。私は3時間目の理科の授業を見学していました。理科の授業のこの日のめあては「花のつくりと働きについて学ぶ」でした。ナミ先生はこの日のために校庭の花をたくさん摘んできておられました。この花を教材として、生徒はピンセットをつかって分解し、ワークシートにテープで貼りつけ、観察記録を付すことになっていました。作業中心の授業ですから、勉強に苦手意識をもっている生徒でも取り組みやすい課題です。反面、作業をすすめるためにセロハンテープやハサミ、ピンセットといった道具を使うために立ち歩くことが多いため、気が散りやすい授業ではあります。また、手先をつかった細かい作業をするため、集中力が必要で、課題ののみこみの遅い生徒にとっては、どうしていいかわからなくなりやすい側面もありました。

国語や数学の授業をみているときには、そこそこ落ち着いているようにみえたクラスでしたが、人が違ったかのように大騒ぎになりました。キョウコは騒ぎの中心になって「花がクサイ」「イラ〜ン」と、教材の花を乱雑にゴミ箱に捨てました。

理科の授業。課題用の花を配ろうとするナミ先生に対して、男女数名の生徒が「花～クサイ～。イラ～ン（いらない）」と、即座にゴミ箱などに捨てようとする。中心にいるのはキョウコである。彼女は小学校時代から学級崩壊の首謀者とされてきた。キョウコの周囲には、単独ではハメをはずせないが、面白いことがおこりそうだと思うとギャラリーとして騒ごうとする男子生徒が数名いた。彼らも花をちぎったり捨てたり投げたりしはじめる。キョウコは彼らに向かって笑顔で「ピアスの孔を空けたんやで」で自慢気に大きな声で話す。ピアッサーではなく画鋲を刺したのだという。この話には男子生徒もひいているようにみえるが、キョウコはそれを感じとる様子はない。・・・花弁をテープでプリントの該当箇所にとめるという課題になると、キョウコら数名の生徒は席から立ち上がり、教卓におかれていたテープを出しては先生をグルグル巻きにしようとしたり、背中にくっつけようとしはじめる。こうした行動に対して、ナミ先生は特に強く叱責する様子もなく淡々と授業をすすめているが、教室は騒然とした雰囲気でおおよそ授業が成立しているようにみえない。廊下で立ち番をしている先生は、この様子をただみているのみで特に介入しようとはしない。このクラスはまだ良い方で、ハ組はとても荒れてるのだという。（X年5月のフィールドノーツより）

このようにひとたび自由度の高い授業になると、途端に荒れだすというのはどうしてでしょう。ちなみに、この単元を私はスクールカウンセラーをつとめる多くの学校でみていますが、この日の授業とほぼ同じ段取りでおこなわれており、特別この日の授業がまずかったとは思えませんでした。そもそも1年生の1学期といえば、多くの生徒は緊張しており、小学校時代には「うるさい」と評判だった生徒であっても静かに授業をうけている姿を何度もみています。特定の授業でこのように急変するというのは、この授業の問題だけではなく、この学年の生徒たちがかかえているしんどさのあらわれだと考えられます。

両事例ともに、教師が困るのは、少数の問題行動をする生徒への対応だけでなく、それに乗じて騒ぐ生徒たちへの対応です。ケンカがおこったときに授業中にもかかわらず多くのギャラリーが集まること、一部の生徒の逸脱に便乗して騒いでいる生徒がいることなどがそうです。「問題」の中心にいる生徒の逸脱行動をよいきっかけだとみなして、問題に消極的に加担する生徒がいることによって「荒れ」た状況ができているわけです。周囲の生徒たちは、中心になっている生徒ほど、ひどいことをやっているわけではありません。ケンカだと騒ぐ生徒たちは、自分たちではケンカしたりはしません。ただ、席をたって騒ぐのみです。キョウコの逸脱に乗じて騒いでいる男子たちも、キョウコの突飛な発言に「ヒイて」いる場面もあります。

「問題」を助長する学級の雰囲気

前項までの荒れた状況は、2学期の後半から徐々に変化し、1年生の最後には「落ち着いた」と感じられるようになりました。いったい何がおこったのでしょうか。先生たちはどんな対処をしたのでしょうか。私は、学年末、1年間をふりかえって学年の主だった先生にインタビューをおこないました。その結果、多くの先生の語りを総合すると、X中学校が「落ち着いた」という実感は、小学校時代から学級崩壊の中心にいるといわれてきた生徒（以下では、課題生徒）の変化というよりも、むしろ、周囲の生徒が変わったということです。以下では、何人かの主要な先生の語りからみていきましょう。

この学年の生徒指導のリーダー的存在であったアヤ先生は、X中学校が落ち着いた要因を尋ねる私に対して、以下のように語りました。

あのね、成長したのはね、もしかすると、あの子らが成長したんではなくて、あの子らを支える周りが成長したのかなとも思うんですよ。その他大勢がね。土壌が成長したんですよ。あの子らは、しいて変わったところを言えば、人との関わりがガードしてたものを知らない教師にも出したという、しゃべると教師も面白いやんけというよなね、そこだけじゃないかなと思う。

アヤ先生のように「課題生徒」と「一般生徒」を分けた語り口を、この学年の多くの先生が共有していました。この語り口に共通するのは、この学年の難しさとして、一部の「課題生徒」だけでなく、そのほかの多くの生徒にも教師への不信感があったことです。ある先生は「突出した生徒（＝課題生徒）」は基本的には変わっていないが、教師が「慣れ」て接し方がうまくなったのでトラブルがおこらないだけと表現する一方、それ以外の多くの生徒については変化があったといいます。「挨拶もできないし、しゃべっても（こちらが）気に障るようなことばっかり言うしっていう感じ」だったのが、落ち着いてきたと語りました。同じようにアヤ先生は、新学期がはじまった当初の生徒たちの様子として「すごくトゲが出てた」と表現しています。それは例えば「おはよう」と言っても返事がかえってこないし、ときには「おはようやってー（笑）」と、こちらの挨拶を茶化すような態度がみられたところから感じとられたもののようでした。アヤ先生の語りは以下のように続きます。

結局、あの子ら（＝1年生）が、こうやって4月入ってきたときに。教師を教師と思っていない。自分も生徒やと思っていないし、生徒はこうせなあかんとか、教師はこうせなあかんということも知ってるくせに、それを理解しようともしていない。……人との関わりのなかで、まず最初「おはよう」っていうところからはじめるっていうことを。わかってるんですよ、あの子らは。わかってても、それを見知らぬ人には、すぐには出そうとはしない。……恥ずかしがらないで堂々と出せるというのは……人間関係が安心できるものになってきてはじめて出せるんですよね。

アヤ先生は、学年の生徒が全体として「教師を教師と思っていな（かった）」とふりかえります。挨拶をすることは皆知っているはずなのに、できないというのは、教師と生徒とのあいだに安心できる人間関係がなかったからだというのです。

マユ先生には1年目はインタビューできず、2年目からのインタビューですが、1年生の頃の様子については、以下のように語りました。マユ先生は、例えば「ケンカ」にしても、2年生になるとケンカ自体が減っただけでなく、それを取りまいている生徒たちの態度が変わったといいます。

（ケンカだと中心にいる子が自分をコントロールできるようにもなってきたし）中心の取り巻きがね、すごいやっぱり去年は気になったんです。直接ケンカとかに手は出さないけど、一歩下がったところで、「おい、やれ」とか「もっとこうしろ」とか、「おいあいつ、行け」とか、その他大勢の動きがすごくなんか、嫌だったんですよ…見てても。なぜ止めない？っていう、なんかそれをね、面白がってる…やってる本人たちもそんな、腹がたってぶつかってるわけでもなく、なんか、なんとなくケンカをしてて。周りも、こんなんアカンなとか、思いながらも、やめろよっていうのが言えなくって、その他大勢と一緒になって…その子たちのなかの気持ちも変わったかもしれないですけど、もともと持ってたのかなっていう気もするんですよ。もともと、こんなことは嫌や、そんな、取りまいて、からかうようなのは、ほんとは嫌やけど、隣の子がしてるからしてるみたいな、なんか。だけど、なんかちゃんと自分の思うように行動できるようになってきたのかな。

マユ先生はケンカの当事者（＝中心）だけでなく、むしろ、その「取り巻き」が気になり、「嫌」だったと言います。「取り巻き」が、騒ぎをさらに大きくしているというのです。マユ先生のみるところ、そうなってしまうのは、生徒一人ひとり、自分たちでもそういう状態がダメだと思っているにもかかわらず、それを止める言葉が出せないでいたからだといいます。一人ひとりの生徒に聞いたわけではないので、実際のところ、生徒がどう思っていたのかは私にはわかりません。少なくとも、ケンカがおこったら止めようとしたり、教師を呼びにきたり、誰かがいじめられているのをみたら、それをやめようと声をあげるといった行動を、1年目はとれていなかったというわけです。2年目以降にはダメだと思っていることをダメだと言えるようになってきたことがわかります。

加藤・太田（2016）は、荒れたクラスでは、自分自身は良い状態だと思っていなくても、他者は逸脱行為に対して寛容であると感じていることを明らかにしました。つまり、荒れている学級のなかでは、一人ひとりはダメだと思いつつ、みんなが良いと思っているからと他律的に判断してしまっているということです。加藤は、したがって、自分たちが現状をどう思っているのかを生徒同士が話しあってみることが有用なのではないかと述べています。X中学校における荒れからの収束過程でおこったことを読み解く際にも、こうした加藤・太田（2016）のような視点は有用でしょう。

学習面での変化を感じとった先生もいます。ヤスオ先生は以下のようにふりかえります。

…1学期は一般の子たちも、かなりガチャガチャしてたんですが、やっぱり中学校のシステムにだんだん慣れてきて、何を頑張れば良いのかというのが分かってきたんだろうなと思うんですけど、だから、授業はやっぱり大事にしていかないといけないというのは、あの、子どもたちの方がだんだん成長して、わかってくれたみたいで。授業自体は、ずいぶんやりやすくなってきたんです…入って、その子たちが何かをしでかしたときに、周りの子も同調するようなことが、以前はあったんですけど、最近は周りの子が同調しなくなってるので、授業自体が大きく崩れてしまうっちゅうことはなくなってきてるんですよ。でも、その分、疎外感というか、孤独感というか、そういうのは彼ら（＝課題生徒）、持ってきてるかもしれないですね。…

ヤスオ先生は、以前ならば、課題生徒が何かおこしたときにそれを大きくする動きがあったといいます。２学期以降にそれがなくなってきたのは、多くの生徒が「授業を大切にしなければならない」と感じるようになってきたからで、結果として授業自体がやりやすくなったと言います。と同時に、ヤスオ先生は一般生徒が授業を大切にするようになるにつれ、課題生徒は教室に居づらくなっているとも感じています。

廊下のサバイバル ―― 廊下にい続けられるということ

学校が落ち着いていく過程では、１学期には「課題生徒」と目されていた生徒のなかでも、教室に入るようになった生徒がいます。カイトはその一人です。図２はＴＥＭ（安田・サトウ 2012）を参考にしつつ、複数の人物の経路を重ねて表示したものです。３年間を通して、カイトとアキが主にいた場所を示しています。下灰色の箱型矢印は、二人が学校とのつながりをもつための一般生徒からの働きかけを、白色の箱型矢印は、教師からのポジティブな働きかけを、黒色の箱型矢印は二人に制限をかけたり、一般生徒に対しておこなった指導をあらわしています。実線はアキとカイトが実際にたどった経路。破線は、仮定法でとおったかもしれない経路をあらわしています。

カイトは入学当初から廊下にたむろしていた集団のなかの一人でした。彼は、力の強さを誇示するようなタイプではありませんでしたが、頑固なところがあり、先生にいくらうながされても頑なに授

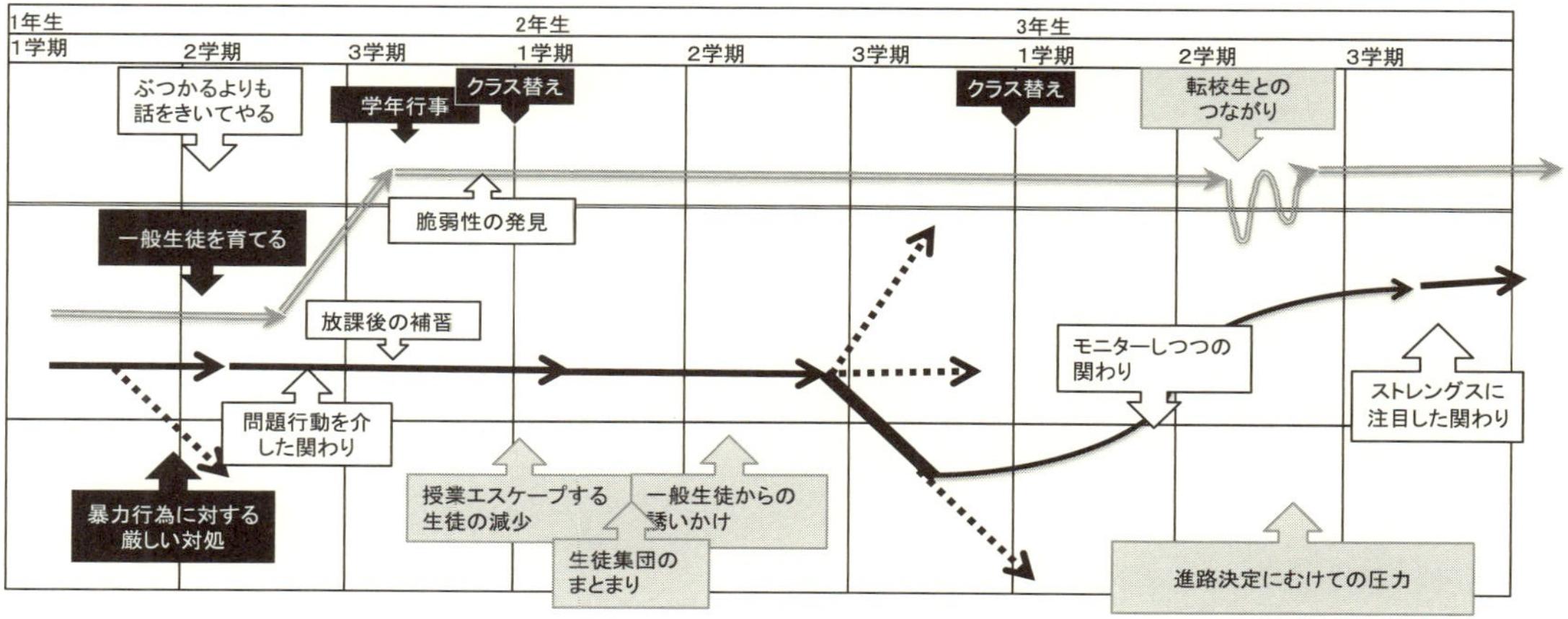

図２　カイトとアキの経路

灰色線がカイト、黒線がアキをあらわす。実線は実際にとった経路、破線は理論的にとりえた経路。上は教室、中は廊下、下は学校外をあらわす。黒箱は教師からの規範的な指導、白箱は教師からの特別支援的指導、灰色箱は一般生徒をまきこんだ働きかけをあらわす。

業には入らずに廊下にいました。

そんなカイトの様子が変わってきたのは10月も後半になった頃のことです。教室に入るようになったのです。先生方に聞いてみると、きっかけは、休み時間中におこったあるトラブルでした。授業時間になっても教室に入らず、コウヘイら多くの生徒とふざけていたカイトは、その授業の担当であった先生から注意をうけたのですが、その先生に反射的に「うるさい」と蹴りをいれてしまったのです。このことで呼び出しをうけたカイトは、かけつけた父親からこっぴどく怒られたそうです（図2はカイトの3年間の軌跡をアキのそれと比較しつつ描いたものです）。

このときまで私にとってカイトは「おとなしい」子でしたから、暴力的になったことに少なからず驚きました。他の先生も、この一件以来「カイトの表情が暗い」ことを心配していました。そうしているうちに、カイトと別室で話す機会がありました。以下の抜粋はそのときの様子です。

> カイトは最近の学校生活について話すなかで「（勉強は）嫌いや」と言う。ただし「（理科は）前は好きだった」とのことで、小学生の頃は「いろいろ生き物を探してみつけるのが面白かった」と言う。虫やカエル、ヘビなどを捕まえるのが好きで、ヘビは家にもってかえって黙って飼っていたこともある。ヘビが籠から抜け出し、台所にいたところを母親が発見して大騒ぎになったこともあると愉快そうに話す。ヘビにはカエルを毎日捕まえて餌としてあげていた。図鑑で調べて「ネズミも食べよるらしい」とも教えてくれる。…　筆者が「最近一人でいることが多いみたいだけど、どうしたの？」と聴いてみたところ、「自分のプラスにならんやつは切ることにした」ときっぱりと言う。（X年11月の

フィールドノーツより）

カイトが語った小学校時代のエピソードからは、本来のカイトは一人で動物の世話をするのが好きな、どちらかといえば内向的な少年であり、廊下で群れたり騒いだりするのが好きというわけではないように感じられます。カイトは、自分が教室に入るようになったのは「自分にプラスにならんやつは切ることにした」からだと言います。仲間とふざけていたことで自分まで父親に怒られたことを、損をした体験と感じているようでした。また、カイトは力の強いアキらからイジられ、パシリ（つかいっぱしり）をさせられたりすることもあったので、そのことへの被害感があったことも「切る」判断に結びついたようです。保護者から「自分にプラスにならない友達」はきれと言われたのかもしれません。

カイトが廊下から教室に戻ったのは、おそらく、教室が良くなったからではなく、アキらとの関係で廊下にはいられなくなったという、いわば「消去法」によるものでしょう。「消去法」で教室に入った生徒はカイトだけではありません。何人かの生徒は、アキらとの折りあいが悪くなって廊下に出たくても出られない状況になったということでした。

カイトらは、ひとたび教室に入ると、教師から「問題」として語られることはなくなりました。1年生の終盤には「真面目にノートをとったりしている」（フジコ先生）とか、理科のテストなどは良い点をとってほめられることもあったと言います。タケシ先生が「「やったらできるやん」っていうと、カイトは・・・ニターッとして「知らん」って言ってるんですけど」「・・・関わりをすごく求めてるのだろうなと思っています」とか、皆の前ではしゃべらないが、1対1になるとよくしゃべるというように、カイトの良い面をみて関わってくれます。フジコ先生は教室で静かにしているカイトの姿をみて「私はあれがカイトの本来の姿やと思う」と言います。

とはいえ、これがカイトにとって本当に幸せなことだったかどうかはわかりません。2年生になると、彼は授業が終わると教室を飛び出し、職員室のドア付近に座りこむことが多くなりました。3年生になるとカイトは、同じく授業エスケープをするようになった女子生徒らとつるみ、ほんの一時期ですが、授業をさぼって学校内を徘徊するといった事件をおこしたことがあります。これらの生徒とつるんでいるときのカイトは楽しそうな顔をしていました。私はカイトにとっては教室が本当に居心地の良い場所だったのだろうかと首をかしげざるをえませんでした（X＋2年9月のフィールドノーツより）。

「一般の生徒を育てる」という方針と教師集団のまとまり

X中学校の荒れた状況は、一部の課題生徒を起点としつつも、それを取りまく一般生徒たちの相互作用によってひきおこされていたことがわかりました。これは分析の視点としてわかったことでもありますが、同時に、多くの先生の実感としても認識されていたことです。と同時に、先生たちの「落ち着いた」という実感は、課題生徒が変化したことというよりも、一般生徒のふるまいが変化したことによってもたらされていることもわかりました。

実は、先生たちは「課題生徒」よりも、むしろ、周囲の生徒に働きかける方針をとるようになったと語りました。例えば、コウジの「ケンカ」ならば「教師を呼びにこない」ことや「たくさんの生徒がいるのなら誰か一人でも止める子がいてもおかしくない」ことから、生徒に対してそうした対応をとることが正しいことであると伝え、また、実際に仲裁したり、教師を呼びにきてくれた生徒がいた場合には、その生徒に感謝するだけでなく、ホームルームなどで全体に向けてそれを伝えるといった工夫をしたということです。アヤ先生はこうした「周り」を育てることの意義を以下のように語っています。

本当に。あっち向いてる子をね、がっと180度こっち向けるのって、すっごい力がいるんですよ。…しかも、教師は十何人しかいないのでね。どちらかというと子どもたち、「オトナがー?・」なんていうような子が多いなかでね、そんな、教師の力でこれ（ふりむかせるジェスチャー）よりも、この子（=問題行動をおこしている生徒）に関われる子を、仲間を増やして。（私たちが）この子に変えなあかんでって言うのが一番てっとり早いけれども、そんなんで、人に言われたからというて、変えてるっていうのは、この子（=問題行動をおこしている生徒）は気分が悪い。そうじゃなくて、自然と、なんかいつの間にかこうなってる（=くるっと回るジェスチャー）、180度自分が変わってきたわっていうふうなんが、一番いいんですよね。それは何かというと、やっぱり仲間の力しかないんですよ。教師の話よりも、仲間の話の方が、いま、はいる時期なのでね。やっぱり集団のなかで子どもらは生きてるし、仲間関係で、友達がいいひんようになると、それこそ学校にも来よらんようになってくるので、やっぱりそこら辺のあの子らの育つべきところで育たせてやりたいなっていうような思いはありますね。

こうした意図的な働きかけだけでなく、授業時間外でも教室や、学年の廊下にとどまって生徒と会話したり、授業時間中に「廊下番」をすることは、ヤスオ先生が「ふりかえってみるとよかった」と言うように、結果的に、一般生徒の安心感や、生徒と教師の距離を縮めることに一役かったようです。「廊下番」とは、授業時間中に何かトラブルがあった場合に、授業者を補助したり、教室から飛び出した生徒に対応したりすることです。これは、いわゆる「落ち着いた」学校にはない光景です。こうしたシステムをとれば、教師は職員室にかえって休憩することはおろか、空き時間に授業準備をすることもままなりません。にもかかわらず、「… 打ち合わせしたわけじゃないんですけども、どんな、先生もほとんどチャイムが鳴る前から教室にいてくださって、鳴った途端に授業がはじまる」ようになっていたのは、先生たちに、いつ何時でもトラブルが発生しうるという危機意識があったためでしょう。

X中学校の生徒たちは、始業のチャイムがなると同時に授業がはじめられる態勢になるということを、これまでヤスオ先生が教えてきたどの学校の生徒よりもきっちりとやったといいます。ヤスオ先生は「そんなん、この学年では、それほど取り組んでるわけじゃないんですけど、… 私らが一生懸命訴えたわけでも何でもないんですけど、なんでそういうふうになってるのか、ちょっと不思議なんですけどね」と驚いていますが、これらは授業時間外でも常に自分たちのそばにいて「1分でも遅れたら生徒から遅いなと言われる」（ヤスオ先生）ほどに身近な存在になっていたこととも関連があると思います。

上述の「廊下番」や、授業時間外の先生の行動とも関連しますが、生徒の「荒れ」に対応することは、教師集団にとっても良い変化をもたらしたようです。学年主任のヤスオ先生は、1年生入学当初「とにかく、どんどんどん問題行動があって把握しきれない状態」だったため、「とりあえず、あったことを整理していこう」と、毎日の放課後に情報交換会をおこなったそうです。これはヤスオ先生が音頭をとってはじめたことというよりも、自然発生的にパラパラと生じていた生徒についての情報交換を、学年としてのプロジェクトとして位置づけたものです。

（会議では）問題行動についての報告があるんですけど、その報告をうけて、こうしましょうっていう方針がなかなか出せないことも多いんですよ。出せないままになってしまうことも多いんですが、最初はそれで、どうしたらいいかなと思ってたんですけどね。でも、その出せなくってもしょうがないというか、報告すること自体にも、まあ意味もあるかなというふうに考えを変えて。一人がかかえてしまう状況というのはつくるべきではないしね。報告することで、ちょっと気楽になれる部分もあるので……僕、こんな、毎日放課後打ち合わせをするなんていう学年は初めてですね。意図的に企画したりしたことではないんです。もう自然の流れでそうなっていったんですけどね。

ヤスオ先生は、会議を開いても「方針」が出ないことも多かったと言います。ヤスオ先生は最初はそれが問題だと思っていましたが、次第にそれも「意味もあるかなというふうに」考えを変えたと言います。一般的に、教師の多忙化などといわれ、先生たちの仕事量の過重さが問題化されることがしばしばあります。授業準備や、部活動の指導など、先生一人ひとりがすべきことがたくさんあるのに加えて、毎日のようにこのような報告会を開くことは、先生たちの仕事時間を圧迫します。答えを求める先生ばかりであれば、このような答えのでない会議は「無駄」だとされて開かれなくなってもおかしくありません。ヤスオ先生が「意味もあるかな」と考えを変えた背景には、答えが出る以上に有益な時間がこの会議にはあったのではないでしょうか。

実際のところ、1年生の最初の方は、先生たちは皆生徒との対応につかれて、いつやめてもおかしくないと思われる先生もいました（後述）が、それを支える教師集団の声がありました。「もちろん、具体的にも助けてもらったけど」、いろいろな先生となにげないところで情報交換して、子どもの見方について話しあえたのが良かったという声が多くの先生から聞かれました。

第2節　「信頼感」の構築過程の分析

衝突からみえてくるもの

前節では、X中学校の1年生の全体的な動きについてみてきました。それでは、実際に課題のあるとされた生徒たちはどうなっていったのでしょうか。一人の生徒に焦点をあててみていこうと思います。とりあげるのはアキという生徒です。彼は「荒れ」ているとみられていたX中学校の1年生のなかでも、特に教師から課題があるとみられていた生徒でした。当初、アキは大人に対してもあまり話そうとしないことが気がかりとされる生徒でした。

前節でみたように、一般生徒が落ち着き、授業に入りはじめる生徒も増えたのに対して、アキら数名の生徒は授業に入ることはなく、廊下にいる日が続いていました。ただし、アキらもテスト結果が悪いことで親から怒られたためか、はたまた自分が欲しいものを買ってもらうのにテストで良い点をとることを条件とされたためか、少し成績を気にする様子がみえていました。以下は、その頃におこったエピソードです。少し長いですがみてみましょう。

3時間目。学年主任であるヤスオ先生の数学の授業がはじまった。同じ教室には、1学期にはアキらと同じく廊下に出ていた生徒もいた。アキは最前列に着席したが、持ち込んだ軟球をもてあそんだり、場当たり的に授業内容にからんだりと、授業に集中しているとはいえない状況が続いた。ヤスオ先生は、まず、アキから軟球をとりあげようとするも失敗。そこからはアキの発言にとりあわなくなる。…アキはおもむろに「先生、俺2?」と問いかける。5段階で評価される成績について尋ねているのである。ヤスオ先生は「それは最後にならないと…。いまはわからない」と明確には答えない。アキはなんとか答えをひきだそうと食い下がるが、ヤスオ先生はこの執拗な問いかけに無視をつらぬく。…アキは、最初はヤスオ先生を「ヤッさん」と読んでいたが、次第に「おいヤスー!」「ヤスオーッ」と次第に乱雑な呼称になる。それでもヤスオ先生が無視を続けるので、アキはさらに声を大きくしたかと思えば、一転、軟式ボールを教卓に「置いとくわ」と言い、直後に授業用のチョーク箱をとりあげて「これもらうわ」と言ってみたりする。これをみていた筆者には、なんとかヤスオ先生の応答をひきだしたいという気持ちがあるように感じられた。

そのようなやりとりが何分か続いたのち、アキは「俺が授業に出たってるんやゾ」「（授業に）出んでもよいのか？　せっかく出てやってるのに」と毒づく。授業開始から、すでに30分ほどこの状況にノラリクラリとつきあってきたヤスオ先生は「そんなん（授業に）出るのは当たり前や。当然やろー」といい「クラスの迷惑になることはやめて！」と強い口調で答える。ヤスオ先生の口調も心なしかイラして聞こえる。アキは「ちゃんと授業に入ってるじゃん（にもかかわらず、なぜ、成績は2にあがらないのか？）」と主張するが、ヤスオ先生はいい加減うんざりした様子で、成績の話には直接ふれず「今日は（授業態度が）ひどかった。みんなの邪魔をしてるっ」とアキを叱責する。それを聞いたアキは「だったら（授業から）出てる方がいいのか？」と聞く。ヤスオ先生も「邪魔するくらいだったら出てるのと一緒だ」と言う。アキは聞くなり「一緒やったら意味ない！」と憮然とした様子で、教室から出ていく。・・・教室を飛び出したアキは廊下をツカツカと歩いていく。廊下で教室でのやりとりをみていた私は彼の背中をおう。どう声をかけてよいか逡巡しつつ、彼の背中について歩いていると、アキは「（授業に）出ても一緒やって言いやがった！」と憮然として言う。（X年10月のフィールドノーツより）

注目したいのはアキの「俺2?」という発言です。これは1学期の成績がオール1だったアキが、授業に入るようになったことで2にあがるかどうかを聞いた質問です。授業エスケープを繰り返していたアキたちの1学期末の成績はひどいもので、成績をあげるためには「ちゃんと授業に入ること」が条件だと言い渡されていました。アキの発言はそのことをふまえたものだと考えられます。実は、この日のアキは午前中の授業でも、漢字ドリルを少しやって「俺、成績あがるか?」と、先生に聞いていたことが後にわかりました。そして「それはわからない」という答えに憮然とした態度だったと言います。どうやらアキは成績をあげて親に欲しいものを買ってもらいたかったようです。アキにとって授業に出ることは、成績をあげるという目標を達成するための手段であることがわかります。

しかし、成績があがるかどうかと聞くアキに対して、ヤスオ先生は「それは学期末になってみないとわからない」と答えを出さず、そのことで二人は押し問答になります。一般的にいって、同じ質問が繰り返されることは、直前の相手の応答に、なんらかのトラブルがあったことを示します。1時間授業に入ったくらいで成績があがるわけがないですから、ヤスオ先生の回答はもっともです。

ただし、アキにとっては納得しかねる反応だったのも確かなようです。だから、最終的に売り言葉に買い言葉のようになったヤスオ先生が「(授業中に騒いでいるなら)出ているのと一緒や」といったことに「一緒やったら意味がない」と激怒することになったのでしょう。アキは最後には「俺が授業に出たってるんやぞ」などとも言っています。読者はこの発言をどのように受けとられるでしょう。授業に出るのが当たり前なのに「出てやっている」とは何だと、アキの身勝手な発言に憤りを感じる人もいるでしょう。しかし、ここからネガティブな結論しか導けないかというと、そうでもないと私は思います。

衝突にみられる希望 ―― 関係性の萌芽

補助線となるのは、第2章でも少しとりあげた石黒（2016）の、学校で子どもは何を学んでいるのかについてのエスノグラフィー研究です。何を学ぶ？と言われても、勉強（教科内容）に決まってるではないかと思われる方もいるかもしれません。石黒は、子どもは教科内容について学んでいるだけでなく、同時に、授業を成立させるためのさまざまな暗黙のルールを学んでいると言います。小学校1年生の4月当初、まったく授業者の意図どおりには進行しなかった授業が、7月にはそれなりに整然とすすむようになるという一連の観察から、石黒は、生徒が学校で「教えられること」を学んでいるからであり、「生徒」になったからだと言います。たしかに、授業における教師－生徒のコミュニケーションは謎にみちています。知っているはずの教師が「これは何ですか？」と聞き、知らないのかと思って答えてみると、今度は「そうですね」などという、不思議な会話があるのはその一例です。こうした教室のルールになれることで、子どもたちは教師がやりたがっているのは何なのかを悟り、それに「自主的に協力」するようになるのだと石黒は言います。

そして石黒は、このような見方にそうなら、「授業崩壊」という出来事もまた、子どもが教師に「協力」しなくなった／できなくなった状態であると言います。つまり、子どもの心理的課題や能力だけの問題ではないということです。教師がこれまでの経験に基づいて「〇年生だったら当然これくらいわかるだろう」などと考えてすすめた授業が、ある種の子どもにとってはついていけないものであるかもしれません。先生の言うことをきいて勉強したいけれどクラスの雰囲気がとてもそんな状況ではない（そこでストレスを感じていることを先生は気づいてくれない）かもしれません。どうであれ、結果的に、叱られてばかりだったり、言い分が聞き入れられなくなったとすると学級が荒れても不思議ではありません。

授業や、学校的行事全般がうまく進行しているのは、教師の思惑に対して子どもが協力することに長けてきたことによるのだとすれば、「授業崩壊」におちいった教室に秩序をとりもどすためになすべきは、教師がそれを力ずくで抑え込むことではなく、むしろ、教師と生徒との関係を結びなおしていくことが、その鍵になるといえます。

このことをふまえて先ほどのアキの事例をみると、また別の見方ができます。アキは終盤に「出てやっているんやぞ」と言っていますが、この言葉には、やらなくてもいいことをわざわざやっているといったニュアンスがあります。「アキが教室に入る」というのは、まさに、（自分では価値を見出せないけれど）教師がそうしろと言うからなのかもしれません。たしかに、アキが授業に出はじめたのは、成績をよくして親からものを買ってもらうためだったかもしれませんが、それでも小学校３年くらいから授業についていけず、教室を飛び出してきたアキにとっては、教室に入ること自体がひとつのチャレンジです。決して自発的に教室に入ろうとは思わないけれど、教師から成績をあげるには教室に入ることが必要だと言われたから、アキはそういう教師の指示に応えようとしているともいえます。無理だから、教師からいくら言われても聞く耳をもたないのではありません。そのような意味では、アキは教師が望む授業進行に「協力」しはじめた、より正確には「協力」しようとしはじめた、といえるでしょう。

前節でヤスオ先生自身が「授業自体はずいぶんやりやすくなってきた」「入って、その子たちが何かをしでかしたときに、周りの子も同調するようなことが、以前はあったんですけど、最近は周りの子が同調しなくなってるので、授業自体が大きく崩れてしまうっちゅうことはなくなってきてる」と言っていたとおり、この授業には、1学期にはアキらのおこした騒ぎに追随しようとしていた生徒も教室にはいましたが、彼らはもはやアキと一緒に騒ごうとはしません。これはいわば、多くの生徒が教師に「協力」しはじめるようになったことを意味します。多くの生徒が教師に協力しはじめたことは、アキの意識にも（教室に入らなければならないのかな、という）多少の影響を及ぼしたでしょうし、これまでだったら目立たなかった行動も、「迷惑行為」として、より目立つようになったと考えられます。

アキにとって「教室に入ること」は、それが直接的に成績をあげることにつながっている（と思っている）からですが、これは多くの生徒が「教室に入ること」を、最終的に良い成績をあげるための前提ととらえており、教師に言われなくても主体的に価値を見出しているのとは食い違っています。おそらくヤスオ先生だって、アキが頑張っていないなどとは思っていないでしょう。だから、もしアキが「俺、授業に入って頑張ってるだろ？」と聞いてくれれば、「頑張ってるなあ」とねぎらえたかもしれません。しかし、成績が1から2に上がるかどうかと聞かれれば、やはりそれはわからないと言わざるをえないのです。するとアキからすれば、教室に入ってるのになんにもねぎらわれないという体験になってしまいます。

異なる介入の可能性はなかったのか？

それでも前節のアキとヤスオ先生が衝突した場面をみると、もっと現状をなんとかできないのだろうかと思った読者もいることでしょう。いくらアキの一見すると無茶な行為のなかに「協力」の萌芽がみえたとしても、それは4月時点でのアキと比較すればということであって、通常、授業で求められる態度とはかけ離れたものです。これを放置してよいのだろうかと考える人がいたとしても不思議ではありません。例えば、授業の秩序を乱そうとする生徒を、もっと強制的に秩序を守らせるような方法はないのだろうかと考える人もいると思います。または、アキらの授業妨害は、教師の授業枠組みに「協力」しようとしてもなお生じてくるものであって、根本的に彼らの学力の低さがその限界をつくりだしていることは明らかです。だから、根本的な解決策としては、彼らに学力保証をしてやることこそ必要だという考えもあるでしょう。

X中学校の先生たちも、同じことを考えていたと思います。実際、X中学校でも、いわば「むりやり」に授業の秩序を守らせようとしたことがあります。以下は、そうした例をみていきましょう。

3時間目はフジコ先生の国語の授業。コウジは遅れて入室してくる。…教室に入ってはいるが、授業に参加するわけではなく、そのまま教室の前までいくと、フジコ先生にちょっかいをかけたり、黒板消しクリーナー用のコンセントにシャープペンシルを突っ込んで燃やそうとしはじめる。これは非常に危ないと見ていて感じる。クラスの皆はそれをみて笑っている。フジコ先生はこれを制止しようと試みるが、コウジが抵抗してもみあいになる。教室内にいる生徒は制止するでもはやすでもなく見ている。そのうちフジコ先生は廊下に飛び出すと「コウジが授業の邪魔をするので出そうと思うんですがー」と叫ぶ。その瞬間、廊下番をしていた3人くらいの先生がどやどやっと教室内に入ってきて、コウジの両脇をかかえて教室の外に連れ出そうとする。コウジは抵抗して、一度出されても再び教室に入ったり出たりして、最終的にはうやむやになってしまう。（X年11月）

私がこのように強制的に退室させようとする場面に出くわしたのは、これがはじめてでした。私が知る限り、それまでX中学校ではこのような対応はありませんでした。後にヤスオ先生らから聞いたところ、2学期に入って、次第に「荒れ」た雰囲気がおさまってきたのに呼応して、学年の先生方は「問題」生徒への指導をどうするのか、いろいろと試行錯誤をしたということです。そのなかで、教室での迷惑行為に「（教室から）出そう」と決めたのもこの時期でした。

授業者のフジコ先生は、授業とは関係ないことをしようとするコウジに対して、最初は一人で対処しようとしていません。しかし、口で言ってもきかず、力も強いコウジに、授業者の先生が対応しきることは容易ではありません。自分にちょっかいをかけるだけならまだしも、コンセントに異物をさしこんで燃やそうとするというような、危険な行為をしようとするのは看過できなかったのかもしれません。フジコ先生らの対応は、迷惑行為に対して「毅然とした対応」をとったともみなせますが、

「出す」ために応援の先生を呼ぶかどうかは授業者の先生の判断にまかせられていたため、同じように迷惑をかけていても、前節でみたアキのように退場にならないケースもあったりと、一貫性がない（ブレている）ともいえます。また、一回出してもまた舞い戻ってきてしまうことから、それほど出すことに意味があったのかは疑問です。

ちなみに、このとき教室外に連れ出されたコウジは、この日の午後にも同じようにコンセントに、今度はカッターの刃をさそうとしています。私は彼が感電するのではないかと気がきではなかったのですが、クラスの男子たちは驚きつつも「おい、コウジ危ないぞ」というだけでそれ以上止めようとはしません。私はクラスメートが危険なことをしようとしているのに止めようとしないことに違和感を感じて「おい、お前ら、とめたれよ。友達やろ？」と言うのですが、彼らはまったく動こうとはせず、かえってコウジに近づこうとする私の動きを妨害しようとする始末でした（X年11月のフィールドノーツより）。

ここでは4月当初に、課題生徒が暴れるのに便乗して騒いでいた生徒たちの動きに変化があることがみてとれます。たしかにコウジをとめようとする私の邪魔はしていても、大っぴらに授業妨害をすることはありません。席について授業に参加しようとしています。周囲の態度が、コウジの行為を目立たせているともいえます。こうした課題生徒を孤立させるようなクラスの雰囲気が、先生をして「クラスから出そう」という選択肢を可能にしているといってよいかもしれません。以前なら、どこからどこまでが問題に加担している生徒かはっきりしなかったからです。とはいえ、おとなしくなった生徒たちが、いわゆる「真面目」に授業をうけるようになったかというとそうではないこともわかります。彼らは自らは安全な位置にいて、なにか教室に面白いことがおこらないかと待ち望んでいるともいえます。

もうひとつこの頃に放課後などの時間を利用して、アキら授業に出ていない生徒向けに学力補充のための補習授業をはじめたのもX中学校でした。先生たちもアキたちの問題行動の背景に「学力」があることはわかっていましたし、「ヤンチャしてる子と、あるいはその子の親とつながるために」(ヤスオ先生)必要だと考えていたからです。ただ、この実践は最初こそうまくいったのですが、すぐに懸念材料が噴出することとなりました。ひとつは、実施する側の先生たちに迷いが生じたことです。つまり、当時、X中学校にいて勉強についていきにくくて苦労している生徒は、廊下に出て逸脱行動をしている生徒ばかりではなく、教室のなかにもいました。彼らは教室に入って真面目に勉強しようとするものの成績がふるわないのです。先生たちが懸念したのは、このような、実は学力が厳しいけれど真面目に頑張っている生徒のことはそのままに、勉強がわからないからといって好き勝手にしている生徒だけを対象とした教室を開くことは、「ヤンチャしてる子たちへの特別な配慮みたいな感じ」になってしまうと考えたからです。

補習授業は実際には成績が低いものを対象としていても、公平性を考えて、全員に向けて発信されるのが一般的ですが、今回は、最初から課題生徒だけを対象としてひっそりとはじめられました。ところが、生徒自らが「俺ら、夜に勉強するから昼間はいいんや」といったように吹聴したことで、その存在が生徒にひろく知られるようになってしまいました。また、出席しても担任に対して失礼な態度をとるものも少なくなかったため「この状態で続けるのは、担任もしんどいやろうし、その子たちのためにもよくない」と打ち切りになったということです（ヤスオ先生へのインタビューより）。非行生徒の背景に低い学力があることはしばしば指摘されていることですから、この実践が終結してしまったことは非常に残念なことだと思います。

アキらに対して、早期からなんらかの対処をすべきではなかったのだろうかという意見に対しては、現場の先生たちは実に根気強く、いろいろな対策をねっていたことがわかります。もし、学力の問題に改善がみられたら、アキらの学級参加ももう少し増えたかもしれませんが、そうした取り組みが不幸なことにすべて失敗した結果として、現在の状態があるということをおさえておかなければなりません。

生徒の辛さがわかってくるということ

第2節のエピソードでは、アキと教員との関係はあまりよくないようにも感じられるかもしれませんが、実はそうではありません。アキはいつでも教師に反抗していたわけではなく、素直に自己開示をすることもありました。その理由のひとつは、教師が以前ほど強く彼に教室に入ることを求めなくなっていたことです。教師がアキと廊下でゆっくりしゃべっている光景をみることも増えてきました。私とアキがしゃべることもありました。例えば、こんなふうにです。

〈ある日の昼下がり〉アキは中学校の窓から遠くにみえる老人介護の施設を指さして「あそこでオカ

ンが働いとるんや」と教えてくれる。……「昨日な、ボーナスが出たんや。だから昨日はすき焼きしたんやぞ」と嬉しそうに言う。……その日の夕方、このエピソードについてX中学校の先生方と情報交換をした。私がエピソードを語るとある先生は「あ、それ、私にも言ってた。皆に聞いてほしいんやなー」と言い、さらに「（すき焼きをしたのは）100gが400円の肉なんやて」と付け加え、「（値段を知っているのは）あの子、買い物にお母さんと一緒にいってるんやろ」と言う。……先生は「（1学期が終わった頃は教員のあいだでは、全然仲間と群れない、大人に近づかないといったことが心配事として語られていたが）最近は甘えてくるようになりました。以前は大人を警戒しとった」と、最近のアキの変化について語った。（X年10月のフィールドノーツより）

アキは、自分の母親について、自分から私に語っています。また、アキはこのエピソードを他の教員の前でも嬉しそうに語っているようです。もちろん、ご馳走を食べたことが嬉しくてみんなにしゃべりたくなることは、多くの人も経験することではないかと思います。私の息子は、すき焼きを食べるという日は、朝から「楽しみやなー」と待っています。でも、アキが嬉しいのは、なにもご馳走が食べられるということだけではないように思えます。彼は、それが食べられるのは「オカンがボーナスが出た」からだと言っています。中学生にもなれば、お母さんについて人前でしゃべることが恥ずかしいと感じる子どもも多くなります。それでも、あえてお母さんの職場の話までだして話をするのは、ご馳走を食べられるように稼いでくれる母親への、ある種の「尊敬の念」もこめられているように思われました。

実は、2学期当初におこなわれたケース会議では、アキは一時期、母親の都合で親戚宅に預けられていた時期があり、そのことをアキは「放ったらかしだった」と恨めしそうに語っていたという情報が出ました。X中学校の先生は、アキは「（恨めしさを感じるのとは逆に）母親との関わりを求めている」と解釈していますが、今回のエピソードはそれを裏づけるものといえます。とはいえ、放っておかれた母親に対して恨めしい気持ちをもつことと、同時にいま母親に対してある種の尊敬の念をもち、関わりを求めている姿とは、すぐには結びつかない、アンビバレントな感情のように思えます。ちなみにこの頃のケース会議で、アキは大人に対して距離をとったよくわからない子どもとしてとらえられていました。アキが「甘えたい」と同時に「憎い」感情をいだいて育ってきたことが、他者とのあいだになかなか親密な対人関係を築けない秘密があるようにも思えます。

私がおこなったインタビューのなかで、タケシ先生は、X中学校では伝統的に、親からの愛情をうけられずに育ったために非行に走るが、教師に対してそうした辛い想いをぶつけてくる生徒が多いといいます。アキが大人に対して関わろうとせず、弱味をみせまいとする態度の裏には、甘えや関わりを求める気持ちがあることを見抜いたことで、タケシ先生は、アキがこの中学校に伝統的にいる「愛情欠如からくる非行」の生徒だと理解することができています。とはいえ、タケシ先生はアキの家庭について「親子の関係性がみえにくく」く、「子どもの頃に預けられていた経験がどのように現在につながっているのかについてはわからない」とも言っています。アキがこれまで多く出会ってきた「愛情を求める生徒」とは少し違うとタケシ先生はみています。おそらく、アキは他の生徒に比べれば、愛情を求めて距離を縮めてくる従来の生徒とは違い、なかなかこちらに向かってこないというところがあるのでしょう。
ともかくも、先ほどのエピソード中の先生がアキについて「最近は甘えるようになりました」と報告しているのは、このときのケース会議のときの気がかりをうけての発言といえます。アキにとって学校での人間関係が自分の存在をおびやかさないものであることが実感されていることを読み取ることができるのではないでしょうか。

（あと数日で終業式というある日）アキはショウと美術教室から抜け出し、廊下を徘徊していた。私は彼らの後ろをついて歩く。彼らは教室に戻る道中、2階にある2年生のフロアの廊下を歩いてゆく。アキは廊下の窓をドンドンと拳で叩きながら歩いているが、本当にドンドンと力一杯叩くというのではなく、少し手加減をしているようであった。アキは妙にしんみりとなって「今年1年いろいろなことがあったなあ」とふりかえる。そして「2年になったら何があるのかなー」と4月からの生活について、誰に言うともなくつぶやく。ショウはボソッと「変わらへんのちゃう?」と素っ気なく返す。2年生のフロアから下をみて「(見えるものが）低いって思うわ」とアキは3階にある1年生のフロアと比べて感想をもらす。…3階にあがると1年生はすでに最後の学活がはじまっている。アキは廊下でブラブラしている…。（X＋1年3月のフィールドノーツより）

3学期になると廊下で授業エスケープする生徒は一段と少なくなりました。しかし、アキは「体育」などを除けば、ほとんどの授業には出席していませんでした。前節でみたように、10月頃には授業に積極的に入ろうしていたアキですが、それは長続きしませんでした。その後、何をしているかといえば、廊下でウロウロしたり、座りこんだりしているわけです。学校に来ているのか、学校という場所にいるだけなのかよくわからない状態でした。もちろん、勉強だけが学校生活のすべてではありません。多くの生徒にとっても、休み時間に友人としゃべったり、遊んだり、弁当を一緒に食べたりするのが楽しみだろうと思いますし、アキもそういうところは楽しんでいました。しかし、それ以外の圧倒的に長い時間、彼は一人か、よくて数人と廊下ですごすわけです。冬場など、寒い廊下でダウンジャケットを頭からすっぽりとかぶって身体を硬くしながら座りこんだり、廊下をあてもなくブラブラと歩きまわったりしていて、何かの我慢大会のようにさえみえました。いっそのこと、学校なんか来ずに遊んだ方が楽しいのではとすら思えました。

しかし、アキは上述のエピソードにあるように「今年1年、いろいろなことがあったな」と感慨深そうにふりかえり、「2年生になったら何があるのかな」と4月からの生活に想いをはせて語ります。このような発話からは、アキにとっても（1年生から2年生に進級するといった）「学校」という枠組みのなかにいることには意味があるということ、そして4月からもまた、同じX中学校に通っているという自分の姿をはっきりとイメージしていることがわかります。

おそらく、このことを支えているのはアキが学校を好きだというだけではないでしょう。アキと休み時間には連れ立って遊ぶ数人の「ヤンキー」友達がいること、教師は無理に授業に入ることを強制せず、廊下でたまることを許容していること、廊下でたまりながら「廊下番」の先生といろいろと話ができること、X中学校の教師たちがアキにとって親密さを感じる存在であることなど、いろいろな条件がそろうことで、アキにとって学校が「居場所」となったのだと想像できます。

第3節　教師の変化、学校の変化

非行生徒を取りまく教師の変化

このように教師にとってアキの姿がみえてきたことは、アキの変化のためだけではありません。教師の考え方が変わったことで、アキの見え方が変わったということもあるでしょう。さらに教師が関わり方を変えたことで、アキの行動が変わったこともあるでしょう。

以下に示すのは、アキが2年生のときに担任だったマユ先生の2年生の学年末のインタビューです。マユ先生はアキだけではなく、1年生時の「荒れ」た状況を以下のようにふりかえっています。

「これ（授業エスケープを）を許していいのかな」っていうのはやっぱりありますね。授業に入るべきと思ってるのに、授業に入らない。なんでって聞いたら、だってめんどくさいもんって、そう言ったときに、めんどくさいじゃない、行かなあかんもんは行けっていうのが、いままでやったんですけど。そうじゃなく。…この子だけ、ここでこういう特別あつかいでしゃべってていいのかと。教室にいるけれど苦しんでいる子はいて、その子たちは放ったらかしで。…でもやっぱりなんか、寄り添って話を聞くことで、その子がやっぱり見えてきたところはあるので。この子は頭ごなしに言ったら、絶対もう入らないからとか。なんかアキなんかはそのタイプですよね。もうなんか、父親的存在でガツンと、当然のことなんやけれどもガツンと言われると、あの子は絶対素直に聞き入れられないんですよ。その言葉だけで「なんやねんっ」てなってしまうんで。

マユ先生は、アキをはじめ授業エスケープをする生徒たちを前にして、授業に入らせるべきだと考えているにもかかわらず、それをさせきれない自分に不全感をもっています。「教室にいるけれど苦しんでいる子」もいるというのに、「めんどくさい」というだけで授業に入らないでいるアキたちを、マユ先生は受けとめかねていました。ここに教師としての「ジレンマ」があります。このようなジレンマは、教師を疲弊させます。自信や情熱を失ってやめてしまう教師もいるかもしれません。

幸いなことにマユ先生はこのジレンマ的な状態につぶされることなく、ある種の洞察を得ています。先生は授業エスケープする生徒を教室に入れるべきだと言いつつ、同時に「でもやっぱり…寄り添って話を聞くことで、その子がやっぱり見えてきたところはある」と語ります。「でも、やっぱり」という語り口をとることで、マユ先生は理屈ではない自分の考えの変化について語っています。

アキの担任だったタダシ先生はより深刻な問題に直面していました。タダシ先生は、アキの入学とともにX中学校にやってきた20代の若い先生です。マユ先生と同じく、4月からの騒然とした雰囲気に面食らっておられました。それでも真面目なタダシ先生は、苦労しつつも学級運営に奮闘し、アキにも熱心に関わりました。アキはなかなか指導を聞き入れようとはせず、たびたび二人はぶつかりました。アキは、何かといえば自分の行動に制限をかけてくるタダシ先生のことを快く思っていなかったようです。

そのようななか、ある事件がおきました。校内で騒いでいたアキらのグループを注意しようとしたタダシ先生ともみあいになったアキは、もみあうなかで思わずタダシ先生に暴力をふるいケガをさせてしまったのです。X中学校の先生たちは迷いながらも、こうなってしまったら自分たちの指導の範疇をこえていると判断して「被害届」を出しました。ここで危惧されたのは、タダシ先生とアキとの関係性です。もともと折りあいの悪かったタダシ先生を殴ったうえ、「被害届」を出されたとなれば、アキのタダシ先生への憎しみの感情は高まってもおかしくありません。タダシ先生にしても、「正しい」ことをしているのに、アキに暴行をうけたとあっては教師としての自信を喪失したり、あるいはアキへのネガティブな感情が強まってもおかしくないでしょう。実際、事件直後のタダシ先生は明らかに落ち込んでおり、帰宅する際に、他の先生が思わず「辞めんときや」と言ってしまうような雰囲気だったそうです。

幸い、タダシ先生はへこたれることなく、根気強くアキに関わりました。おそらくそれを支えたのは、この学年の教師たちの「同僚性」だったと私には思えます。実際、この学年の先生は、生徒の問題にたちむかっていくうえでの苦労を語る際、口をそろえて「この学年（の教員陣）でよかった」と語りました。紅林（2007）が指摘するように、同僚性の「実践を支える」「癒し」といった機能が発揮されたといえるでしょう。もちろん、アキとの関わりを通して、アキという人間がよりよく理解されてきたことも大きかったでしょう。担任のタダシ先生は1年生の学年末に行われたインタビューで以下のようなエピソードを語ってくれました。

（学校でおきたトラブルの謝罪に行くためにアキを車にのせたところ）「もう、これでタダシの車に乗るのも4回目や」って言ってるんですよ。嬉しそうに。（タダシ先生からすれば、謝罪に行くのは嬉しくない理由だが）「もう、何回目や。あそこにも謝りにいったな」とか言ってるので…それを世話になったと感じてるんじゃないかな、と。そうであってほしいなと…

このエピソードでは、普通なら嬉しくないはずの「謝罪」のためであっても、車にのるのが何回目なのかと数えて嬉しそうに言うアキの様子が語られています。アキのこのような反応は、タダシ先生にしてみればかなり意外なものでした。タダシ先生は「世話になったと感じてるんじゃないかな」ととらえています。タダシ先生は、嬉しそうにしているアキの姿を見て、たとえそれが自分にとって「嬉しくない」活動であっても、自分に繰り返し関わってくれる先生の存在を、嬉しいと感じる生徒がいるのだということを実感したことでしょう。自分にとって「嬉しくない」活動であっても関わってくれるのを嬉しいと感じることからは、これまでのアキがいかに大人からちゃんと関わってもらっていないかがわかります。それはタダシ先生がこれまで接してきた生徒からつくってきた生徒像をこえたものだったのだと思います。

生徒指導のタケシ先生は1年生の学年末に行われたインタビューで、アキらは、タダシ先生に反抗はするものの「自分で自分のことをブレーキかけられないから、どこかでは、やっぱり「とめてくれ」と思っている」と推測しています。そこで被害届を出すにいたった事件をへてからのアキとタダシ先生との関係について、以下のように教えてくれました。

…やっぱり、あんまり関係のできてない先生が行くと、こう（手で払いのけるジェスチャー）なったりね。担任にはすごく甘えとると思いますわ、あいつ（アキ）は。うん、だから担任ね、悪くないんですよ。悪くないんだけど、やっぱこういうこと（＝対教師暴力）されるから、担任の方としてもね良い気はしないので。感情的にね。アキについてはあんまり良い感じは、たぶん持ってないと思うけど。アキ自身はね「悪くない」と思っているはずなんですよ。…（その証拠として）「（2年生になるにあたって）担任が変わるけど、お前どうやねん（誰に担任になってほしい？）」って言ったら「いや、俺、ええで、べつにタダシで」って言ってますからね。…「オマエ1年間通じてきて、やっぱり（タダシ先生のことを）信頼できるか？」って（尋ねたら）「うん、できるよ」って言ってます…

この語りが示すようにアキは、タダシ先生が「そうだったらいいな」と思うように、自分にとってよくない活動であっても、一生懸命に関わってくれたタダシ先生のことを実はありがたく思っていたのかもしれません。タダシ先生だけではなく、アキはいろいろな先生に見てもらっているということを実感しているのかもしれません。生徒指導のタケシ先生は、この日に警察に送っていったときのエピソードを以下のように語っています。

（警察での取り調べが終わった後）アキを学校に送っていって、（車から）降ろしたら「先生、今日はありがとう」って言うたんですわ。あれはすごいなと思って。「お前エラいな。ちょっと、もうこういうことがちゃんと言えるっていうのは大事だよ」と（言いました）。・・・（アキは先生がそうほめるとニタッと笑っていたのだが）あんまりほめられるとかね、本当にそういう経験は少ないんでしょうね・・・

ここではアキがほめられる経験の少ない生徒であり、だからこそ自分たちがほめるようにすることが大事であることが述べられています。

まとめ

アキの暴力と、それに対する被害届提出と、そこからの継続補導は、結果としてアキと先生たちとの関係性を良好なものにすることにつながりました。継続補導につながったことがアキを落ち着けたと評価する先生もいました。しかしながら、提出前には、アキと自分たちとの関係性を悪化させることが懸念材料となっていたことをふまえれば、あくまでも結果論にすぎません。

アキの暴力行為に対して被害届を出すことが、このように教師との良好な関係をつくりだせたのは、「1年生時の教師たちがアキら課題生徒に対して言うことをきかせられなかったこと」、成り行きにまかせて「廊下で話を聞いてやる」ことにはじまって、それが「アキらの特徴をよく知ること」につながったこと、学校側が「被害届」を出すだけでなく、アキらを警察署に送迎することで関わろうとしたことなどの条件がそろったことによるでしょう。もし、教師がアキらを管理できていたならば、そもそもこんな問題はおこりませんが、アキらのかかえるしんどさを発見する機会も失われ、アキらにとってはしんどい状況が続いていたと思われます。

いわゆる日本型の「毅然とした対応」にみられる特徴として、見捨てない対応があるといわれますが、この学校でも警察に補導されたらそれで終わりではなく、それをきっかけにして教師と生徒が関係づくりをしたり、生徒になぜこのようなことになったのかをきっちり納得させることが求められています。ここでは「被害届」は「関わりの履歴」を厚くする道具へと変容しましたが、このような条件のどれかひとつでも欠ければ、「被害届」という道具の意味は「懲罰」や「排除」の道具となっていたかもしれません。

第6章 反社会的な問題行動をおこす生徒が幸せになるということ

第1節 二人の生徒の軌跡から立ち直りをみる

同じ出発点、異なる結末

第5章ではX中学校における1年生から2年生の初めの頃まで様子を、アキをはじめとした課題生徒と、その他の非行をしない一般生徒の動向とを並行してあつかってきました。1年生時には学校の荒れがきわだっていましたが、2年生になると状況は変化し、少し落ち着いた雰囲気になってきました。それにともなって、課題生徒の動きもより目立ってみえるようになってきました。そこで本章では、課題生徒が学校でどのようにふるまい、学校とのつながりがどのようにつくられたのか、彼（女）らの進路がどのように切り開かれたのかをみていくことにしましょう。

まず、アキとコウヘイの経路を比較しつつ、非行的な生徒にとって何が立ち直りの支えとなるのか

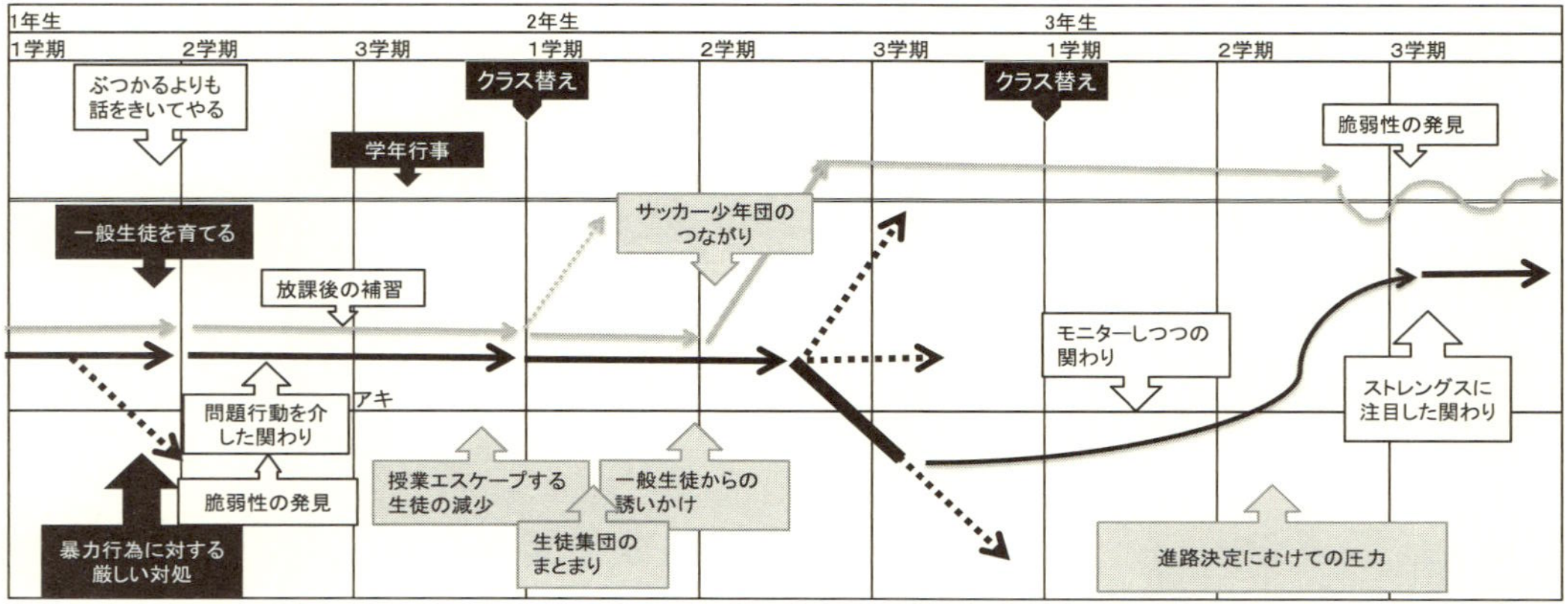

図３　アキとコウヘイの３年間の経路

灰色線はコウヘイ、黒線はアキをあらわす。実線は実際にとった経路、破線は理論的にとりえた経路。上は教室、中は廊下、下は学校外をあらわす。黒箱は教師からの規範的な指導、白箱は教師からの特別支援的指導、灰色箱は一般生徒をまきこんだ働きかけをあらわす。

を考察していきましょう。図3は前章でのカイトとアキの経路図と同様に描かれたものです。

アキもコウヘイも1年生の当初から教室に入れず、「問題」生徒としてみられていたという意味では、出発点は同じです。しかし、その後の展開はいくつかの点で相違していきます。

まずは2年生のコウヘイの様子からみてみましょう。1年生ではほとんど授業をエスケープしていたコウヘイですが、2年生になっても1学期間はその傾向は続きました。第5章のカイトのケースでもわかるように、教室に入らないこと＝廊下にいることではありませんでした。コウヘイは教室にはいられませんでしたが、廊下にいることはできたといえます。コウヘイは大柄でスポーツ万能、「アキも一目置いている」（タケシ先生）という生徒です。こうした対人的な「強さ」ゆえに、コウヘイは廊下にいることができたということもできるでしょう。

ところが、2年生の2学期以降には、コウヘイは徐々に教室にいる時間が多くなってきました。私は教室を移動する生徒の集団のなかで、友達と談笑しつつ歩くコウヘイの姿を何度か目撃しました。彼はどうして教室に入れるようになったのでしょう。2年生のときにコウヘイの担任だったハジメ先生は、コウヘイが教室に入れるようになった理由について問う私に「基本的に、入りたくなければ（いくら誘っても）入らないと思うので……入りたくなったんだと思います」と言います。「入りたくなった」ら「入る」のは当たり前じゃないかと思われるかもしれませんが、そうでもありません。先に検討したカイトのように「積極的に入りたいとは思わなかったが、廊下にいられなくなったので入った」という生徒もいます。カイトと違い、コウヘイは自分がいたいと思えば廊下にいられた生徒です。その意味では、本人が「入りたい」と思うのは案外大事かもしれません。

しかし、本人が入りたいと思っても、入れないという場合もあります。例えば、ハジメ先生は、コウヘイと比較して「あいつ（アキ）らは教室に入ってもはねられる（排除される）んですよ。でも、コウヘイははねられない。ずっと休んでて学校にきても、あ、来てくれた！みたいに言ってもらえる」というように、不思議な人望がある存在としてとらえています。

コウヘイは「入りたくなった」ときに、入らせてくれる仲間関係や、担任の力との絶妙の組みあわせがあったといえるでしょう。生徒指導のタケシ先生は以下のように言っています。

（職員室でコウヘイのことについて情報交換をしながら）「（コウヘイの所属する）D組は良い子が多いわ。コウヘイーって言ってくれる子もおるしな。体育でみてても、みんな距離をとるんじゃなく、バスケなんかでも身体にあたってとりにいったりすることがあるしね。けっこうコウヘイ、コウヘイと言ってくれる子が多くて『ええなあ』と思っている」。（X＋3年2月のフィールドノーツより）。

サッカークラブでも同様です。コウヘイが「教室に入れる」もうひとつの要因として、D組にはサッカークラブのメンバーがいたことがあげられます。サッカーの友人数名がクラスにいたことから、彼は「授業をうける」という文脈では教室に入れなかったものの、「クラブのメンバーとつるむ」という文脈では教室に入ることができました。もともと彼は熱心なメンバーというわけではなく、むしろ、普段の練習をさぼって、試合にだけ顔をだすようなタイプだったといいます。一般にこういうメンバーは他のメンバーから「ずるい」と思われたりするものですが、身体能力に恵まれていた彼は、試合にいきなり出ても活躍してしまうために、周囲からは文句が出なかったようです。クラブのなかには教育的配慮から、練習をさぼり気味の選手を試合に出さないところもあると思います。コウヘイのクラブはそうではなかったことが救いです。ともかく、彼はそれほど練習熱心でないにもかかわらず、チームメートからは仲間とみなされていたようです。

以下のエピソードは、そのような変化がコウヘイにみられだした頃のものです。

（学校のなかを歩いていたところ）体育館裏で5人の生徒の喫煙に出くわす。アキやコウジらもいる。……コウヘイに「どうしてたの？」と軽い調子で聞いてみたところ「不良グループがたまってるのにつきあっててん」と笑って答える。そして「俺は吸ってへんぞ」と念をおすように言う。……（筆者からそのことを聞いた）養護教諭のヤスコ先生はタバコを吸っていないことも含め、コウヘイにはサッカーがあるし、自分でもその場にいた4人と自分は違うんだという認識をもっているのではないかと言う。……事実、1学期に（どのような話題だったかはあいまいだったが）ヤスコ先生が今日のメンバーらとともに指導したところ「あいつらと一緒にすんな」と言ってすごく怒ったという。（今回も）おそらくそういう気持ちが入ってるのではないかとヤスコ先生は推測した。（X＋2年9月のフィールドノーツより）

「どうしてたの？」と問う私に対して、コウヘイは「不良グループがたまってるのにつきあっててん」と答えました。自分を「不良グループ」からは違うところにおいた語り口です。一般的にみれば、この時間にこの場所にいるということは授業をエスケープしたということですし、喫煙場面に一緒にいるのですから、コウヘイも十分「不良グループ」の一員といえるところです。コウヘイもそのように見られるのをわかって、あえて自分が他者とは「違う」ことを強調しているのだと思われます。なぜそのように違うと言いたがるのでしょうか。第一に考えられるのは、喫煙をしていると思われたくないということです。「俺は吸ってへん」と私に念押ししたところからはそのように感じられます。それもあるのかもしれませんが、ヤスコ先生はコウヘイが別の場面でも「あいつらと一緒にすんな」と怒ったといいます。コウヘイは同じく廊下に出ているといっても、教室にも居場所があるという意味で、他者とは違うというアイデンティティを内在化していたのかもしれません。

アキの経路

コウヘイが2学期から教室に入るようになったのに対して、アキはなかなか授業に入れませんでした。学校を休む日も増えてきました。ハジメ先生の「あいつ（アキ）らは教室に入ってもはねられる（排除される）んですよ」という言葉や、アヤ先生が「（コウヘイには）教室にも居場所があるということだと思う。アキにはそれはないですね」と論評していたことをふまえると、アキにとって教室は「居場所」とはならなかったようです。アヤ先生はアキを教室にひきこもうと工夫しましたが、アキが学校を休みがちで他のクラスメートと交わる経験がなかったこともあり、一般の生徒からすればアキに関わることはハードルが高かったかもしれません。いずれにしても、クラスにアキの居場所はなかったと言ってよいでしょう。

それでは、アキは廊下に出ている自分のことをどのようにとらえていたのでしょうか。もはや、学校なんてどうでもいいと考えていたのでしょうか。どうもそうではなさそうです。以下のエピソードをみてみましょう。

アキは廊下に腰をおろして携帯電話とにらめっこし、ゲームをしたり音楽を鳴らしたりしている。そして「暇やー」とつぶやく。私と少し世間話をしてから「俺らももうすぐ3年や。受験や」と言う。他中学には授業を抜けて廊下にたまっている生徒はいるのかと私に聴きながら「昔はそうやってたまる相手がたくさんいたけど、いまはいない。暇や」と言う。アキは1年生の頃を思い出しながら「コウジやろ、コウヘイやろ…」と5人ほどの名前をあげる。…その後「まさかコウジが抜けるとは思わへんかったな」と、1ヶ月ほど前、急に近県に転校することになったコウジのことを思い出す。小学校高学年頃からずっと単身赴任をしてきたコウジの父親は、コウジがX中学校でたびたび呼び出されているのに心を痛め、受験が本格的になる前に一家で住もうと決断したのだった。ただ、本来は年度末におこなうはずだった引っ越しが、諸事情から前倒しでおこなわれることになったため、アキにしてもじっくりとコウジと話す機会もないままに離ればなれになっていた。「学校にきてもコウジがいてへんからつまらん」と言う。私は色よい返事が返ってくるとは期待せず「だからさアキも授業に入って勉強した方がよいんじゃない？　外にいても暇なだけやんか」と勧めてみる。アキは小声で「入らなあかんとは思ってるんやけどな…」とつぶやく。私が「…思ってるけど。どうなん？」とさらに聞くと「つまらん。教室に入るのがめんどくさい」と言い、……アキは再び携帯ゲームに興じはじめ、話はとぎれる。（X＋1年10月のフィールドノーツより）

ここではアキは「（教室には）入らなあかんと思ってる」と言います。正直なところ、私は、アキからこんな返答が聞かれるとは思ってもみませんでした。昔の廊下には「たまる相手がたくさんいた」が、現在はいないために廊下にいてもつまらなかったからかもしれません。アキにとって、多くの生徒のなかでもコウジが抜けたことは痛手だったようです。この当時のアキはアヤ先生に「僕には友達がいない」と言っていたそうです。アキの孤独が伝わってくる言葉です。

3年生をむかえると、アキはますます他校生とのつきあいが増え、学校も欠席することが増えました。あるときには学校にきても私に「コンビニいってくるわ」と告げて、学校を抜けて帰ってしまうこともありました。こういうことはこれまでになかったことです。

私はアキの学校に関わるという意識が薄くなっていっているのではないかと危惧しました。アキにしても、この時期には学校にくることについて葛藤をかかえていたのかもしれません。担任のアヤ先生によれば、この時期のアキは、3年生になって、来年からの進路に漠然とした不安を抱いていたそうです。一般に3年生になれば、多くの生徒が進路選択に直面し、不安を感じます。アキもその一人といえます。そのようなイライラが感じられる場面がありました。例えば、以下のようなエピソードがあります。

午前中。アキと廊下に腰をおろしてしゃべっていると、生徒からも人気のあるハジメ先生がにこやかに挨拶して通りすぎていく。（遠ざかって職員室に入るハヤシ先生を目でおっていると）アキはおもむろに「俺、若い先生はうっとおしい。嫌や」と話しはじめる。若い先生とは、さきほどのハジメ先生や、1年生時に担任だったタダシ先生のことだという。理由をきくと彼は「あいつら、（俺に）無理してしゃべってきよる。歳がいった先生はな、学年主任とか、先生（＝私）とかはな、別に無理せずしゃべってくるけど。なんていうんやろな。相性があわへんのかな。例えば、朝あってもな「おー、遅いやんかー」とか笑って話しかけてきよるねん」と語った。私は2年生になってからのタダシ先生との関係は悪くないと考えていたので変だなと思い、「あれ？　タダシ先生はよかったんと違うの？」と尋ねたところ…「うん、2年になったときは一瞬良かったけど、また嫌になった」と言う。「調子にのってしゃべってきよる」からだと言う。（X＋2年6月のフィールドノーツより）

アキは若い先生が「うっとおしい」「いやだ」と言います。なぜかと聞くと、若い先生は「無理してしゃべってきよる」し、「調子にのってしゃべってきよる」からだと言います。「無理してしゃべる」「調子にのる」とはどのような感じでしょう？　どこか自分におもねるような態度が鼻についたのかもしれませんし、なんとなくバカにされたような気持ちになったのかもしれません。

アキは少なくとも一時期は担任の先生のことを好きだったことがあるわけですし、以前はタダシ先生に一方的にからんでいっている様子をみたこともありました。また、以前なら遅刻しようがおかまいなしで、それを注意されても意に介さない態度だったこともみています。そういう意味で、この時期だからこそ「うっとおしい」声かけに耐えられないと考えることもできます。遅刻してくることや、学級に入れないことなどが自分のなかでも気になっており、それを指摘されるとイライラするということではないでしょうか。

第2節 誰にとっての適応か――「荒れ」「いじめ」をおさめる同調圧力

諸外国と比較すると、わが国の学校教師は、例えば「給食」や「掃除」まで「指導」の対象とするといったように、生徒の学習面だけではなく、心理面、対人関係を成長に導こうとします（Akiba, Shimizu & Yue-Lin 2010）。恒吉（1992）が日本とアメリカの学校を比較して明らかにしていますが、教師は生徒の「同調圧力」をうまくつかって、直接的に教師が生徒に言わずとも、自発的に、集団のまとまりによって生徒をコントロールしようとすると言われます。X中学校での「一般生徒を育てる」という実践や、その後の2・3年生になってからの学級のまとまりといったことを考えるときには、この「同調」をひきだす集団の力に注目しないわけにはいきません。

2年生の後半から3年生にかけてのアキとコウヘイの対照的な様子についてみてきました。ここで両者を分ける重要な要因となっているものに「クラスの雰囲気」があります。コウヘイは「クラスの雰囲気が良い」ことがきっかけになって教室に入ることができました。3年生になっても、クラスのメンバーに恵まれたことと、彼自身のキャラクターが功を奏して「毎日が楽しい」と語っていました。

また、高校に行きたいという気持ちがでてきたことで、勉強をする必要性がうまれました。

さて、「クラスの雰囲気」や「まとまり」は、彼らが1年生のときから先生たちが「一般生徒を育てる」実践として積み重ねてきたものが基盤となっています。こうした実践は、いわゆる「同調圧力」を強めることで、落ち着いた雰囲気をつくるものです。X中学校では「一般生徒を育てる」という方向性が功を奏したのか、2年生になるとそれまでおとなしかった生徒のなかからクラスのリーダー的存在があらわれたり、学年全体として学級のまとまりが出るようになったと言います。

例えば、アヤ先生は2年生になって、これまでおとなしかった多くの一般生徒が、思っていることを発言できるようになってきたと言います。例えば、そのうちの一人であるユキヒロは、1年生の頃は課題生徒たちが「怖かった」けれど、そのうちの一人であるショウとは2年生になると口がきけるようになり「全然普通やん」と思えるようになったと言います。実際、アヤ先生はあるときユキヒロがショウに向かって「お前（ショウ）が怖かった」「（1年のときにショウからしゃべりかけられたときは）ドキドキしたけれど、なかなかお前良いとこあるな」などとしゃべっている場面を目撃したと言います。このように一般生徒が課題生徒と対等にしゃべるようになったことは、彼らを学級に受け入れるうえで重要だったといえるでしょう。

このことは学年に根強くあった「いじめ」にも作用したようでした。アヤ先生は、2年目の学年末に行われたインタビューでいじめ被害者になりやすいと心配されていたある生徒のエピソードを教えてくれました。

（2年生になり、ある男子生徒が、ある生徒を中傷するようなあだ名で呼んでいたところ）ショウが「そんな、しょうもないこと言うてんなよ」と言ったんです。それでピタッといじめがなくなったんです。まったくなくなった。

ショウは、アキやコウへイらとも対等にしゃべることができ、1年生の最初の頃は授業エスケープもしていた、いわば「力のある」男子でした。ショウの発言は素晴らしいものですが、一方で、ショウが「力がある」子だったからこそ、自分の保身を考えることなく発言できたのではないかという疑問もわいてきます。アヤ先生はこの考え方を否定します。2年生になると「力がある」生徒に限らず、多くの生徒がいじめ関係に加担しない発言ができるようになったというのです。以下のようなエピソードはそれにあたります。

（掃除の時間）よそのクラスの男子生徒（A）が、この子（B）がいる前で「こいつ昔は○○（ヒドイあだ名）呼ばれてたよな？　お前知ってるよな」ってわざわざ言ったんですよ。もう、この子（B）は泣いてしまったんですよ。そしたら、言われた男子は「うん」と普通は言ってしまうじゃないですか。「うん、そうだった、そうだった」って。…でも、その子は「知らん」って言った。なので話が続かなかったんです。…（こうしたことを）この子（B）はすごく喜んでました。

アヤ先生は「いじめ」をめぐっておこったこうした生徒の変化を喜びつつ、このようなことはいくら教師が「正しい」ことを言っても効果がなく、生徒同士が発言できるようにならなければいけないと言います。2年生になってクラスがまとまったことが、こうした生徒同士の発言をうながしたとアヤ先生はみています。

マユ先生もまた2年目の学年末に行われたインタビューで、同様の事例を語りました。ある女子生徒Cは、1年時から持ち物を隠される「いじめ」をうけており、そのことに深く傷ついていたそうです。マユ先生は、あまりにも繰り返されるイジメに業を煮やし、クラスの生徒全員を前に、あることを呼びかけたと言います。

（あまり持ち物がなくなることが多かったので、教員サイドでは学年全員で探そうと計画していた）それを子どもたちに投げかけるときに「物がなくなった……これは学年の問題だ」「さあ、みんなで探せ」という言い方もできたんだけど。クラスで「Cは持ち物がたくさんなくなって、すごく傷ついてる」「私たちにできることは、何かない？」「どう？　探してみる？」って言ったら、一人の男子生徒が「うん、わかった、探そう」って言ってくれたんです。それに同調する子がけっこういて……。「わかった、いまから行こう」って、自分たちから声があがったのが、私、すごくそれが嬉しくて……。

マユ先生もアヤ先生と同じく、教師がひっぱらなくても、問題を投げかけられたクラスメート自身が自主的に解決策を考えはじめたことを喜んでいます。以前なら生徒たちは自分のことで精一杯で、周囲のことまで気を配れなかったとマユ先生は言います。その頃にいくら自分が熱弁をふるったところで「先生なに言ってんの?」「なんで怒ってんの?」といった反応になっただろうとマユ先生は推測しています。マユ先生は、これまで自分たちが築いてきた生徒との信頼関係が、生徒の変化をうながしたと考えています。

ニュージーランドの高校でスクールカウンセラーをつとめるマイケル・ウィリアムズ氏は、「いじめ」においては、加害者のゆがんだ人格のせいだとか、そばでみている人の卑怯さのせいだとか、そういうふうに悪者探しをするのではなく、「いじめ」という関係そのものが問題だと考えてみようと提案しています(ウィンズレイド & ウィリアムズ 2016/2012)。みんなが知らずしらずのうちに「いじめ」というストーリーの配役を割り振られ、一人ではそこから抜け出せなくなっているのが「いじめ」であり、実は、皆その配役を気に入っているとは限らないと言います。X中学校の事例もまさにそうです。教師からの働きかけをきっかけとして、生徒集団が次第に1年生のときは「荒れ関係」から、2年生のときは「いじめ関係」から距離をとるようになったことが、上述のさまざまな変化をうみだしたといえるでしょう。

ただし、アキはクラスの雰囲気が良くなっていたにもかかわらず、自分とクラスとの距離がはなれ、入っていくことができませんでした。アヤ先生に「友達がいない」ともらすなど孤立感を深めていきました。コウヘイに対しては学校適応を高める資源となったものが、アキには反対の効果をもたらしたといえます。3年生になってからは、アキは途中で勝手に帰宅したり、欠席がちになったりと心配な様子をみせはじめました。進路決定どころか、不登校状態におちいりかねない状況といえます。「クラスの雰囲気」「まとまり」が、コウヘイには集団への適応を導き、アキには不適応を導いたのです。このように「みんな」に入り込めない生徒を排斥するようなかたちになりかねないリスクを「同調圧力」を高める指導がもつことには留意すべきでしょう。

第3節　誰が何に適応したのか

「適応」がうみだす「不適応」

3年生の1学期までの展開をみれば、コウヘイは学校に適応し、アキは適応できなかったとみなせるでしょう。しかしながら、その後の二人のたどった経路をみると、必ずしもそうとはいえません。以下では、コウヘイ、アキの順に卒業までの様子をみていきましょう。

コウヘイは12月になっても進路希望がはっきり決まらないままで、次第に欠席も増えました。これまでのコウヘイは教室に入っていたとはいっても、勉強は苦手であり、その面で不適応感を抱いても不思議ではありませんでした。コウヘイは教室に入っていたとはいっても、授業にしっかり取り組むというよりも、気のあう仲間とのしゃべることが楽しいといった感じで教室にいました。このような参加が許される雰囲気だったからこそ、潜在的な不適応感を中和できていたのかもしれません。しかし、進路が目前に迫り、教室内の雰囲気も全体的に受験ムードになると、彼はいやおうなく学力という文脈に目を向けざるをえなくなったのかもしれません。

彼が自らのことをどうとらえているのかを示すエピソードがあります。X中学校では進路対策として面接練習をおこなっていました。ここで志望理由を聞かれたコウヘイは真面目な顔で「僕はバカだからここに行くことになりました」と答えたのです。これには面接官をつとめた先生も失笑してしまいました。コウヘイはなぜ笑われているのかわからないようでした（X＋3年1月のフィールドノーツより）。コウヘイが真面目な顔をしていたり、周囲が笑ってもつられて笑うことがなかったことからすると、彼はふざけて言ったわけではなく、むしろ実感に近いところを話したと考えられます。つまり、彼は自分の進路が「バカ」でも入れる学校だという意識をもっていたということです。

教室に入れるようになり、クラスの一員としてのアイデンティティを構築した彼は、そうしたアイデンティティにしたがって周囲と同じく高校進学をめざしますが、皮肉なことに、そのことがかえって「勉強ができない」ことを浮き彫りにしてしまったといえます。この時期、タケシ先生やアヤ先生はコウヘイが「ノートをちゃんととろうとしている」ことや、以前なら学校を勝手に休んで行っていた釣りにも「飽きた」と言って行かなくなったことなど、コウヘイの変化を話題にすることがしばしばありました。一般的にはノートをとっていること、学校を休んで遊びに行くことをやめたことは、ほめるべきポイントとされるところですが、両先生の受けとり方は違いました。例えば、釣りをやめたことは「明らかに学校が気になっていて、釣りに羽をのばしている場合ではない」のが本音だと解釈するといったように、コウヘイが受験にプレッシャーを感じているがゆえの行動であるというものです。以下は、ある日の職員室でなされたやりとりです。ここでも話題はコウヘイのことです。

職員室でアヤ先生は「コウヘイは最近、夜中まで遊んだりとかで昼夜逆転気味になっていて、あまり学校に来られていない」と言う…背景には受験への不安がある。アヤ先生は「「どうせ（入試は）あかんよ」と言いつつも、すごく不安なんよ」とコウヘイの気持ちをおもんばかる。…（略）…タケシ先生は「すぐに入試の準備もできないわけだからさ、授業に入れそうにもなかったら抜いてな、面接の練習とかをやったったらいいんじゃないかなあ」と提案する。これにアヤ先生は「そうやわ、あの子自信ないしな。（一人で面接するのであればまだしも）二人で面接とかで、知っている子が横にいて「はい、僕は～」なんてかしこまってよう言わへんと思うわ（笑）。だから、そういうところで練習して「お、ええやん」というふうにほめてやれば、少し自信もついてやれていったりするかもしれない」と同調する。（X＋3年1月のフィールドノーツより）

タケシ先生の「抜いて…面接の練習」という提案に、アヤ先生は「そうすれば少し自信になるかもしれない」と応答しています。シャイなコウヘイの性格をふまえて、個別で練習することで自信をつけることが重要だというわけです。ところで、このような提案は、コウヘイが休みがちで、あまり教室に入れないこともあったからこそできた特別な配慮に基づく対応です。コウヘイがこの時期に教室にいることは単純に喜ばしいことではなく、むしろ、受験へのプレッシャーから、教室で苦痛を感じていても抜けるに抜けられなくなっている、心配な状態と考えられていたわけです。教室に入って授業をうけることは一般的には良いことであり、先生が自らその状態をやめさせることは難しいものであり、特別な配慮ができにくかったのだと考えられます。このことはコウヘイにとっては結果的にマイナスだったと思います。

「不適応」がもたらす転機

次にアキについて述べていきましょう。第2節ではアキが学校へのつながりを失いかけている状況にありました。客観的状況がどうなのかはともかく、少なくともアキにとって学校内に彼が入っていきたい場所は少なくなりました。

生徒指導のタケシ先生は、そういうアキとつかずはなれずの関係を続けるように工夫しました。具体的にはアキが学校にやってくる日には、たとえ何分かでも話すようにするのですが、そこで例えば深夜徘徊をしたとか、他中学校の不良集団と一緒に遊んだとか、事情を知らない人が聞いたら小言のひとつも言いたいような話題にも、それをいちいち咎め立てするのではなく聞いたのです。もちろん、いけないことはいけないと言いますが、それだけではなく、聞くことで、アキがいまどのような集団の誰とくっついており、どのような活動をしているのかといった情報を収集したり、アキがこの先どのようなトラブルに直面するリスクがあるのかを見きわめるようにしたりしたわけです。実際、アキはタケシ先生のことをとても信頼していました。

印象的なエピソードがあります（X＋2年10月のフィールドノーツより）。ちょうどこの時期、私が校内を歩いていると、裏門のあたりで、他校生のリキとアキ、そしてタケシ先生が話しているのが目に入りました。どうやらアキと話すために、他校生が学校を抜け出して遊びにきたようでした。通常、このような来校者は歓迎されません。先生たちがバーっとやってきて取り囲み、すぐに追い返されることになります。タケシ先生も基本的には同じで、玄関から先に入れようとはしませんが、話しこみながら関係をとっていました。リキはタケシ先生に自分の学校の生徒指導の先生がいかに最悪なやつかを述べながら「うちの学校も先生みたいやったらよかったのに」と言っていました。タケシ先生は、リキの深夜徘徊などについて聴きながら、警察官は厳しいぞと釘をさしていました。側にいた私には、リキもタケシ先生を気に入っていることが伝わってきました。タケシ先生はリキやアキからもいろいろな情報をひきだしているわけですが、決して「巧妙にしゃべらせる」といった計算高い態度ではなく、むしろ、子どもと関わりをもつことが第一で、そのために子どもからしゃべってもらえる姿勢をつくっているというように感じられました。

さて、このような関係性をいかす場面はすぐにやってきました。ちょうどその頃、アキの後輩であるライトが、アキともつながりのある他校生の非行生徒グループとちょっとしたトラブルになっていました。ライトが小学生の頃に離婚した母親は、一人で彼と妹のジュリを育ててあげました。父親がいないからといってライトを悪い子にしたくないという思いの強かった母親は、彼にこれまでも人一倍厳しく接してきましたが、中学校になって身体も大きくなったライトに言うことをきかせられず、心を痛めていました。ライトの母親から相談をうけたタケシ先生は、ライトが母親からの愛情を求めており、寂しさから逸脱行動に走っているとみて、母親にライトとの関係の見直しを提案していました。と同時に、タケシ先生は、これは良いチャンスだと考えました。つまり、アキにこの生徒を助けるために一肌脱いでほしいと頼み、ライトと他校生の状況について知らせてほしいと頼んだのです。これまでもアキが深夜徘徊や不良交友を繰り返しているのにあえて目をつぶり、そこで何がおこっているのかを話してくれるチャンネルをつないでおいたことが、今回のアキへの依頼にもつながりました。アキは提案を快諾し、タケシ先生はアキから得られた情報をもとに、息子を更生させようと腐心していた母親と連携し、ライトがトラブルから抜けることを手助けしました。

トラブルが解決したのち、タケシ先生からアキが協力してくれたことを聞いた母親は、涙ながらにアキに感謝の意を伝えたそうです。タケシ先生は「(お母さんにあった後)アキはもうニコーッとして職員室へ入ってきた」と言い、そこで「お前良かったな、と。人にこれだけありがとう、ありがとうと言われて、お前のやっぱりやってたことは間違いじゃなかったな」とねぎらったと語りました。タケシ先生によれば、この一件を通してアキは人に感謝されたり、喜ばれたりすることの気持ちよさに気づいたと言います。

上記の事例のように、他校生との不良交友が増える状態は、生徒指導上は好ましいことではありません。たいていは、つきあいを止めさせる方向での指導がなされるのではないでしょうか。とはいえ、アキの感じている寂しさを思えば、禁止することが解決にならないのも明らかなことのように思えます。レジリエンス研究者のウンガー(2015/2006)の概念を援用するならば、タケシ先生はアキの交友関係を禁止するのではなく、代わりを探すというウンガーが危機にある若者に対するのと同様の対応をおこなっていることがわかります。

つまり、あえてこうしたリスクのある関係にコミットすることで、アキと常に会話できる位置をキープしながら、更生させるチャンスをみはからっていたわけです。このことはタケシ先生一人の手柄というわけではなく、アキに関わるこの学校の多くの教員が、抑えつけて言うことをきかせるというよりも、話を聞いてやり信頼関係をつくることに注力してきたことが跳躍台のようになって実現したことだと思われます。また、自らも下級生の頃から、いわゆる「ヤンキー」のカッコイイ先輩にあこがれ、自らもそうなりたいと願ってきたアキからすれば、下級生を助けることで、自らも尊敬される先輩として認識されるようになったことも嬉しいことだったでしょう。

時空間の拡張と、学校にくる意味の変化

アキは11月になってようやく進路を決めました。工業系の専門学校です。これまでにも手先が器用なところをみせていたことと、技術系の仕事につきたいと希望していたこともあり、担任のアヤ先生がみつけてくれたわけです。といっても、アキのこれまでの生活を考えれば、仮に入学できたとしても、はたして続けられるのかという心配が大人にはあります。アキが中学校と同じように不良仲間と遊ぶようになるだけだと考えたとしても無理はないでしょう。実際、一般的に、1学期間だけで退学してしまう生徒も少なくありません。

それでは、このような状況をアキ自身はどう考えていたのでしょうか。アキもまた、続けられるかどうかが不安なのか、進路を決めてからというもの、いろいろな先生に質問をするようになりました。

アキが志望する専門学校を、当初は「そんなの嫌や」と言っていた他中学校で不良交友をするタカ

ノリが、最近になって急に「手に職つけるのもいいかもな」と言いだし、受験することになったとアヤ先生から聞く。アキはその話になると「こんなにメンツがいたら遊ぶかもしれないな」とつぶやく。アキは、自分と同じ学校を、小学校時代に転校してはなれたアキノリも希望していると言い、「俺はそいつと友だちやったんや」と小声でボソッとつぶやく。進学説明会でアキノリをみたアヤ先生いわく「おとなしそうな生徒」だそうだ。私がアキに「タカノリと一緒は嫌か?」と尋ねると「嫌ではないけどー」と言葉を濁すが、本音ではアキノリと二人がよかったのだと言う。(X+2年11月のフィールドノーツより)

午後、アキは校長先生とともに中庭に出て、先生がプランターの花の植え替えをするのを手伝っている。私もそれを手伝う。校長先生は来客があったために、私にその場をたくし、アキには「10個やっといてや」と頼んでその場をはなれる。外は寒かったが、校長先生がいなくなっても、アキは黙々と作業を続ける。校長先生には、近所のラーメン屋さんでおごってもらう約束をしたらしい。それでも「俺、うまいやろ」と作業の手際を誇らしげに言う。二人で並んで作業をしていると、アキは問わず語りに、もうすぐある専門学校の入学試験のことを話しはじめる。「みんなそろうかな?」と、自分の校外の非行仲間と会えることを楽しみにしつつ、同時に「でも、みんな一緒やったら遊んでしまってあかんかな」とも言う。……しばらくするとアヤ先生が作業の様子をみにくる。アキはアヤ先生にも専門学校にみんなで通うことになったらダメかなと聞いている。大人たちはアキのためにも、専門学校には一人だけで行くことになってほしいと思っているのだが、同じことをアキも気にしてい

るようだ。アキがボツリと「俺は続けたいからな」と言っていたのが印象的だった。（X＋2年12月のフィールドノーツより）

2つのエピソードでは、アキ自身、他校の非行生徒たちと一緒になると「遊ぶかもしれない」ことを不安に思っていることがわかります。つまり、アキは中学時代の非行仲間と一緒にいることが、自分の将来にとって好ましくないことがわかっているのです。これまでのアキにとって、学校に行くことは「勉強すること」というよりも、むしろ、「みんなとつるむこと」が目的であったとするならば、今回の進学については、これまでと正反対に、友達のことよりなにより、自分が学びたいことを優先しようという気持ちがあることが印象的です。

アキは、私が他中学にも出入りしていることを知って、他の荒れた学校について知っているのか聞きたがる。私は、廊下に出て授業エスケープしている生徒ばかりでなく、学校に来なくなって外で遊んでいる生徒もいるようだよと話す。これを聞いたアキは「学校にも行かずに遊んでるんだったら働いたらいいのに」「（俺には）そういう選択肢はないわ」と、こうした生徒のふるまいについて否定的な反応を返す。そして、「俺は1月から町工場の見習いの仕事するねん。そやから3月の卒業式にはくるけど、もう学校に来うへんわ」と宣言する。（X＋2年11月のフィールドノーツより）

この事例ではアキは「学校にも行かずに遊んでるんだったら働いたらいいのに」と、学校に来ないくせに、ただ遊んでいる生徒に対して批判的な目を向けています。アキがこのように遊んでいる生徒に対して批判的スタンスをとる背景のひとつには、彼が、母親の知りあいの営む町工場で職業体験をさせてもらうことになったからという事情があるかもしれません。彼は職業体験をすることを得意気に語っています。学校ではなく実社会に出る自分を「かっこよい」と考えていたのかもしれませんし、自信がついてきたのかもしれません。いずれにせよ、学校生活のまっただなかにいるときとは異なり、卒業が目前に迫り、社会人として働く姿がリアリティをもってきたことで、逆に、現在の「学校」に対してこれまでとは違う意味づけをしはじめたとも考えられます。以下のエピソードは同じ時期にあったものです。

（寝不足なのだろうか）アキは朝からフラフラと落ち着かず、やけにハイテンション。・・・（廊下を歩いたのち）技術室の窓があいているのをみつけるとひょいと乗り越えて部屋に入り、ノミやトンカチなどが置かれているのをみつける。・・・私も窓をとびこえて技術室に入ろうとするとアキは「うわー、キショッ。こいつ入ってきよる」と普段になく攻撃的な態度でこちらを牽制する。いつもとは様子が違って感じられる。・・・やがてアキは技術室からノミとペンチを持ちだして廊下に出る。照明スイッチが目にとまると、ノミでカバーを外すと、そのカバーをブーメランのように空中に放りなげる。物音に気づいてかけつけたハジメ先生が「何を子どもみたいなことしてんの」と呆れたような調子で言う。・・・先生方はアキに照明スイッチをなおしてほしいと言う。アキは当初は聞く耳をもたないようだったが、しばらくすると気が変わったのか修理しはじめる。けっこう器用に作業をすすめる。手持ちの工具があわないことがわかると「おい、マイナスドライバーがいるんやった！とってきて！」と周囲の先生に大声で言って持ってこさせる。…多くの大人が見つめるなか、アキは一人で作業を続け、なおすことに成功する。「おー、すごいねー」とほめる私。アキは得意そうに「これは俺が誰からも習わずにやってんぞ」と大声で言い、「こんな腕前があったら就職でもできるやろ」と、ふざけているのか真面目なのかわからない調子で言う。ハジメ先生は皮肉っぽく「お前、その前に、公共物を壊したらあかんぞ」「（腕があっても）そもそも公共物を壊すようなやつは就職できない」とアキを諭す。アキは黙って聞いている。（X＋2年12月のフィールドノーツより）

このエピソードではアキは、異様なテンションで工具をとりだし、廊下のスイッチを壊してしまいます。このように器物を壊しているにもかかわらず、居合わせた先生から、一切、お咎めらしいものがないのは不思議です。先生たちは、ここでは、あえてぶつからないという方法をとったとも考えられます。先生たちの冷静な対応のおかげか、アキは、その後、今度は自分の力でそれを全部キレイに修理してしまいました。実際、その腕前は見事なものでした。ここでの先生たちは、壊すのは悪いことですが、それを叱るのではなく、その後に修理させ、そのことをほめるという方法をとっています。

アキの「これは俺が誰からも習わずにやってんぞ」という言葉が印象的です。これまで学業面では劣等生であったアキにとって、このように手先が器用であることが、自分の自信につながっていることがわかります。これまでのアキであれば、例えば1年生のときの担任らが「父親的にガツンと言われると反発する」というように、大人から押しつけられるものについて反抗的なスタンスをもってきました。ここでアキは、先生から何か言われることに対して反発するのではなく、素直に聞いています。自分の将来像に自信がもてているからこそ、先生からの意見にも耳をかせるようになったのかもしれません。

第4節　反抗を包摂し、自立へと導く指導

セイトを生徒にする実践と、非行生徒

ここまでアキとコウヘイという二人の生徒について、2年生と3年生の様子から描いてきました。二人とも出発点は同じですが、結果としてたどりついた進路も、それにいたるまでにたどった経路もまったく異なっていました。何が二人に違いをうみだしたのでしょうか。第5章で記述した1年生から2年生にかけてのアキの軌跡とあわせて考察していきましょう。図4には、二人が入学してからたどってきた経路と教師たちの働きかけが書かれています。

第1にあげられるのは、一般生徒の存在です。1年生の当初、アキとコウヘイはともに廊下にいましたが、ここで「問題」だったのは彼らだけではなく、主には教室にいる多くの一般生徒たちも教師から問題視されていました。この時期における二人の行動は、1年生全体の生徒との関係を視野に入れる必要があります。

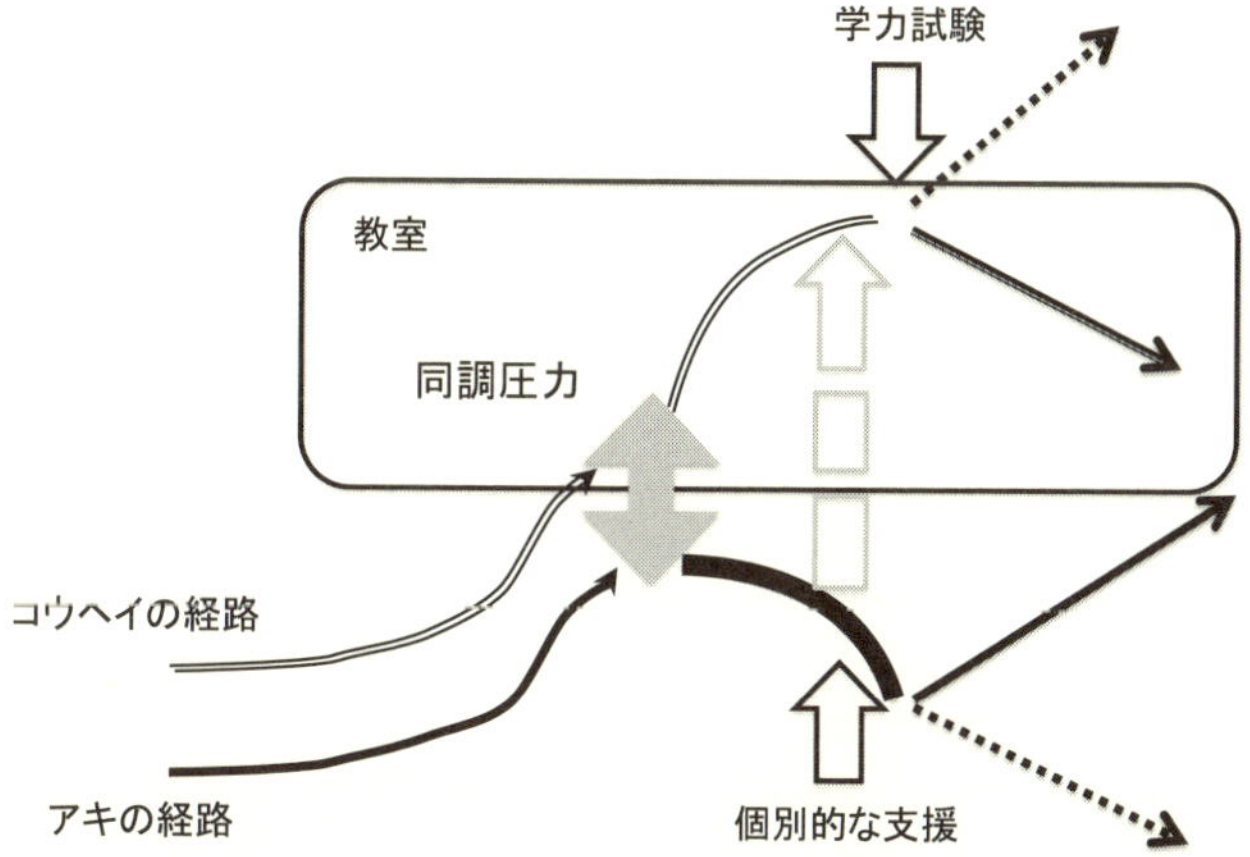

図4　アキとコウヘイ入学してからたどってきた経路と教師たちの働きかけ

教室に入ることによる「同調圧力」は、コウヘイに高校進学という動機をもたせるためのジャンピングボードとなり、一方アキには教室からの排斥として作用した。ただし、アキは教室からでることで個別的な支援をうけやすくなり、一方のコウヘイは学力にぶつかり、また、個別的支援を受けにくくなった。

教師たちはアキらを教室に戻そうとすることをあきらめ、かわりに「一般生徒を育てよう」としました。一般的にはすべての子どもは学校に入学したときから生徒であるはずですが、例えば、アヤ先生が「先生と生徒という関係ができていなかった」というとおり、X中学校においては必ずしもそうではありませんでした。ここで学校にいながら、大人の言うことをきいたり、大人が提示する枠組みに従おうとしない生徒のことを「セイト」と呼んでみましょう。1年生時に教師がしていたことは、セイトを「生徒」にする実践といってよいでしょう。

こうした実践が功を奏して、X中学校は次第に落ち着いた雰囲気をとりもどしていきます。ヤスオ先生がふりかえるように、例えば、授業を大事にしようとする生徒が増えはじめたり、授業開始前に席につく習慣がついたりしました。授業妨害や「いじめ」に対して、距離をおきはじめるようにもなりました。これらは教師が意図してつくったものでもあると同時に、教師の予想を上回ったものでもあります。こうした一般生徒のなかでうまれてきた力動を「同調圧力」と呼ぶことができるでしょう。灰色矢印が同調圧力をあらわしています。ご覧のとおりこの同調圧力は、そのなかに入りたいと思うものをうみだす一方で、そこに入らせない力ももっています。この図には二人のこの時期における経路と、同調圧力との関係についても示されています。二人の実線は、二人が実際に通った経路、破線は仮定法化された経路です。白色の矢印は、二人への外部からの働きかけの実際です。

「同調圧力」は、クラスのまとまりもつくりあげました。アキやコウヘイは次第に学校のルールを尊重するようになり、コウヘイのようにクラスに入って活動しはじめる生徒もあらわれました。ただし、こうした同調圧力は、そのなかに入れたものには、クラスの一員としてのアイデンティティを獲得し、楽しさや一体感を共有できる一方で、アキのようにそこに入れない生徒にとっては疎外感を感じさせるものになります。

「同調圧力」とは、その場で多数派を占める人々にあわせることを強いることであり、その内容はさまざまです。楽しいクラスの雰囲気をだし、行事などで盛り上がるところに混じりたいという気持ちをいだかせるのと同時に、受験が迫れば、勉強が第一であり、みんなが受験に向かって頑張ることをよしとする雰囲気がうまれます。その際、この雰囲気についていけない人がいたとしても、なかなかそこから抜けることを許しません。コウヘイは受験のプレッシャーから、次第に学校を休みがちとなり、自分の将来について悲観的になっていきますが、これらはコウヘイがクラスに入り込んでいたがゆえの結果ともいえます。

「反抗」から「自立」へ

一般に、対抗的スタンスをもつことは、それ自体では、なにか積極的に自分たちでうみだしていくという力をもちません。例えば、ある青年が「俺はお父さんみたいにはならない」というとき、この青年にとって「父親」が嫌悪の対象であることは確かだとしても、では、自分は何者になるのかは決まっていません。アキも教師に反抗しているだけでは、卒業後の進路を決めて行ったりすることはできないわけです。第2章で検討したように、生徒指導の先生は、「生きた壁」となって非行生徒の前にあらわれることで、非行生徒が何者かになっていくために導いているという側面があります。

アキにとっても、X中学校の多くの先生が「生きた壁」となってきましたが、対抗的スタンスは、それ自体では積極的に自らの進む方向性を指し示しませんから、自分が進む道を指し示すような取り組みが、壁になるのとは別に必要になってくるのだと思います。アキの場合、自らの進む方向性を指し示すものは、自分が手先が器用であるということに自ら気づいたことや、それに注目して具体的な進路を教示してくれた教師とが共同でつくりあげてきたのです。

アキは、「学力が低い」「授業に出られていない」ことから、「職場体験」や「校舎の補修」などに教師が誘いやすい条件がそろっていました。それは「手先が器用」というストレングスの発見につながり、本人が希望する進路を決定できました。このことはアキの「社会人」としてのアイデンティティをつくることにつながり、劣等感を感じる学校的文脈から距離をとることもできました。

また、校外の非行集団とつながっていたために、後輩のピンチを救うことに一役買うことができ、「良いことをして感謝される」という体験ができました。リスクがあることを逆手にとって、それを強みにかえるような周囲の環境との連携によって、ある意味では将来の「適応」的な生活ができるようになったといえるでしょう。

このようにアキに対しては奏功した指導方法は、コウヘイにはうまく遂行されていなかったようです（図5において白色矢印が破線化していることであらわされています）。その一因は、コウヘイが教室にとどまっていることです。一般に受験はストレスです。小学校から低学力のコウヘイにとってはなおさらです。

タケシ先生の「抜いて……面接の練習」という提案に、アヤ先生は「そうすれば少し自信になるかもしれない」と応答しています。シャイなコウヘイの性格をふまえて、個別で練習することで自信をつけることが重要だというわけです。このような提案が、コウヘイが休みがちで、あまり教室に入れなくなったからこそできた特別な対応だと考えると、コウヘイが受験のプレッシャーもあって教室にとどまり続ける限りは、このような対応はとりにくくなったわけです。もちろん、コウヘイはX中学校にいることで不幸せになったわけではありません。しかし、もっとよい対応があったかもしれないなと思われてなりません。

第7章 境界線上で少年のレジリエンスを育てよう

「問題」になることと、教師であること

これまで反社会的な問題行動をおこす少年を起点として、大人はどのように関わることができるのか、さまざまなレベルでの関わりについてみてきました。少年たちのレジリエンスを育てるという観点から、これまでの章をまとめてみましょう。

本書の第5・6章でみたX中学校の事例では、反社会的な問題行動をおこなう生徒はたしかに問題だったものの、教師たちが問題視したのは彼（女）らだけではありませんでした。教師はケンカや授業妨害などによる騒ぎを一般生徒が大きくすることや、ケンカになっても教師を呼びに来ないといったように、教師を信頼していないようにみえることを「問題」ととらえていました。教師たちは「一般生徒を育てる」という方針をたて、一般生徒たちと接する時間を長くし、信頼関係をつくり、教師の見方にそった反応をした生徒をほめるようにしていきました。これは〈教師－生徒〉関係の編み直しとしてとらえることができます。一般的な学校において、〈教師－生徒〉という関係性があること

は、あるのが当然のように思えますが、X中学校の事例からは決してそうではないことがわかります。第5章でアヤ先生が1年目をふりかえって「先生と生徒という関係ができていなかった」と語るように、〈教師－生徒〉関係は、大人と子ども双方が共同で構築していることがわかります。X中学校の先生たちが「一般生徒を育てる」としておこなった実践は、X中学校に〈生徒－教師〉関係をつくりだすための実践といってもよいでしょう。学校の落ち着きをもたらしたのは、こうした一般生徒であることを教師たちは語っていました。

ここで「荒れ」た学校が、「集団」として落ち着くことと、そのなかの一人ひとりの生徒が適応的になるということとは分けて考える必要があります。X中学校の落ち着きは、先生たちが時間をかけて、自分たちの味方になってくれる生徒を増やすことにより、当初、反社会的な行動をする生徒たちが多数派を占めていた学校の勢力図をぬりかえたことによってもたらされたといえます。だから、集団としては落ち着いているようにみえても、反社会的な行動をする生徒たちを個別にみれば、彼（女）ら自身はなんら変わっておらず、多数派が入れ替わることで、好き勝手にふるまえなくなったにすぎないことがわかります。

このように集団を味方につけることで、反社会的な問題行動をする生徒を抑え込もうとする指導は、以前から大人に対して拒否的な感情をもっている生徒にとっては、学校や教師への不信感を強める可能性があります。学年進行とともに生徒と学校とのつながりが薄いものとなり、指導を難しくする危険性もあります。

そもそも、表面的に問題が出なくなっても、教師の目につかないところで「いじめ」があったり、怠学傾向になった生徒が大きな事件にまきこまれることはあります。例えば、第3章でとりあげたサトルは、当初、学校では「サボり」として片付けられかけていました。学校にきて暴れることに比べれば、サトルの問題は教師たちの脅威にはならなかったからかもしれませんが、第4章でとりあげたテツヤのように、個人の問題を放置しておくことが、やがて学校の脅威になることがあるわけです。そうなってから、指導がいれられる教師がいるわけはありません。

このようにみてくると、「荒れ」た学校が良いとはいいませんが、「落ち着いた」学校もまた決して良い学校とはいえないことがわかります。本書ではレジリエンスを、本人が幸せになるためのものとしてとらえています。その意味で、非行少年が立ち直ることはレジリエンスとは言い切れません。「立ち直る」ことは法律を守り、社会的規範にそうことで達成されます。もちろん、法律にそった方が、法律に背いてばかりの生活よりは幸せになりやすいでしょう。しかし、極論すれば、みんなの迷惑にならないように生きることが、当人にとっては不幸せということだってありえるのです。

生徒と教師という役割をこえていくこと

学校が少年の社会化をになう存在であるのは間違いないとしても、それは大人が子どもにいうことを聞かせることでは成り立ちません。「荒れ」た学校を落ち着かせるための教師の努力が、生徒とのあいだに〈教師－生徒〉関係を構築するという実践であるとすれば、反社会的な問題行動をする生徒を変えていく関わりをうみだしたのは、いわゆる〈教師－生徒〉関係をはなれる実践だったといえるでしょう。

本書でとりあげたX中学校の場合、1年生の半ば頃から、先生たちは「ぶつかるよりも廊下でじっくり話を聞いてやる」ようになりました。これが教師との信頼関係を築くきっかけとなり、アキをはじめとした生徒が3年生になったときの進路指導にもつながったと考えられます。X中学校は、ただ落ち着いただけの学校ではなかったということでしょう。

ただし、これは教師が狙いをもってはじめたものではありません。当初は教室に入れようとしたし、授業妨害をしている生徒を力ずくで外に出したこともありましたが、徹底しきれなかったためにはじまったものです。先生たちにとっては不本意だったでしょう。いわば、自分たちが狙った生徒指導の遂行に「失敗」したことが、逆説的に、アキらとの生徒指導を成功に導いたわけです。

このように、生徒指導のなかでは、教師側の意図せざる行為が、双方にとって良好な結果をもたらすことがあります。第2章では生徒指導という実践において、先生は、少年とのあいだに「生徒－教師」という役割関係を結ぶ部分と、そうした役割関係をこえた対等な「人と人」との関係を結ぶことがあると指摘しました。この2つの役割関係の境界線をこえるきっかけは、教員が意図的におこなったというよりも、「思わず」そうしてしまった（無意図的におこなわれた）ことによると考えられます。

第5章でも、マユ先生が「（入らさないでいいのかというのはあったが）でもやっぱり、聞いてやるとわかってくることがあるので」というように、理屈ではなく、ぶつからずに話を聞くことによって生徒のことがわかる体験について語っています。マユ先生も〈教師－生徒〉という役割関係の境界線を思わずこえてしまったのではないでしょうか。考えてみれば、第3章でリツコ先生が、（不登校の）

生徒の気持ちがわかるようになったということも、ある意味、理屈ではありません。そして、ひとたびわかってみれば、これまでなぜわからなかったのかがわからなくなるような体験です。これらのいずれもが、教師としての大事な局面をつくっています。

第2章でも指摘したように、生徒指導において教師は「生きた壁」になるべきだといわれます。この壁の成り立ちに、上述のような「失敗」や無意図的な役割の交代は重要な意味をもつかもしれません。硬い壁ではなく、ときおり失敗したり、役割関係の境界を行き来するような生徒指導実践であることが、壁を「生きた」ものにするのかもしれません。

反社会的な生徒が幸せになるために

レイヴとウェンガーの「正統的周辺参加論」(Lave & Wenger 1993/1991) は、人が「学ぶ」ことを、ある価値観を共有した共同体への参加だとしています。この説明に違和感を覚える人もいるでしょう。例えば、英語の例文を暗記するときなど、まさに人の頭のなかに知識が蓄えられていることが実感されます。

レイヴらもそういうことがあることを否定しているのではありません。ただ、それって何のために?と彼女らは問いかけるのです。例文を覚えるのは何のためかという問いに対して、試験で良い点をとりたいからという答えがあれば、外国人の友達を増やしたいという答えも、世界的に活躍するあの人にあこがれているという答えもありえます。いずれにせよ、何の意味もないのに人は学びません。

なんらかの希望やあこがれに近づこうとするときに学びはうまれます。

英語を「非行からの立ち直り」に置き換えても同じことです。人は何のために社会的に受け入れられるやり方で生きようとするのか。悪いことだから？　罰をうけるから？　もちろん、それもあるでしょうが、それだけではないと思います。みんなと一緒に生きるこの世界が、自分にとって意味のあるものだからこそ、私たちはこの社会の一員でいようとするのでしょう。この世で正しいとされていても、自分ではそれをすることに意味が見出せず、苦痛でしかないのなら、しなくても当然かもしれません。

第5、6章でとりあげたアキやコウヘイのことを考えてみましょう。コウヘイは教室に入ることができ、仲間とのつながりを得ることができましたが、それができはじめたのは、（教師の言葉によれば）クラスの仲間が迎え入れてくれ、本人もまた「入ろう」と思えたからです。つまり、学校という社会の一員になることが、自分にとって意味があったのです。ただし、コウヘイはクラスに入れはしましたが、受験のプレッシャーから次第に不安を強く感じるようになり、最終的な進路選択には失敗してしまいました。

一方、アキは最後までクラスに入ることはできませんでしたが、そのなかで後輩を助けだし、「いいことをして感謝される」という体験ができました。また、教師が、アキがクラスに入らないことを活かして、校舎の修繕や、校庭の整備といった活動に誘うことにより、アキの「手先が器用である」というストレングスを見出しました。人に感謝されることが気持ちのよいことであることを知ること、そして、アキの将来展望をみえやすくしたことによって、アキは進路を決定し、不良仲間からはなれようとしたといえます。

前節でみたように、X中学校は「ぶつかるより話を聞いてやる」実践によって、反社会的な問題行動をする生徒たちと、教師がつながれました。これが学校から少年が排除されるのを防いだのは間違いありませんが、アキやコウヘイが幸せになるためには、これだけでは不十分だったともいえます。単に学校に受け入れられる以上の成果をうみだすには、教師たちの特別な関わりが必要だったといえるでしょう。

ウンガー（2015/2006）は、危機にある若者は、パワフルなアイデンティティを手に入れることを求めており、それが成し遂げられるようにありとあらゆることをおこなうと言います。本書でとりあげた少年はみんな、それなりに逆境的な生活のなかにいながら、このパワフルなアイデンティティを求めていたと考えられます。第5・6章では、ウンガーの言う「パワフルなアイデンティティ」が、改造制服や、金髪といった、いわゆる「ヤンキーの格好」ではなくても達成できるという現実を、アキと周囲の大人が共同的に構築したことによって、彼に社会的に受け入れられる人生経路にのる機会を構築したといえます。このように社会に参加していくことの嬉しさをベースにすることで、将来展望をもち、職業訓練という社会資源につなぐことで、アキが社会に出ていくことも援助することができています。

境界をつくる実践、境界をまたぐ実践

本書では、保護者、教師、スクールカウンセラー、警察の少年補導職員など、多くの大人が一人の少年の立ち直りには関わっていることをみてきました。学校では「チーム学校」がいわれるなど、連携の重要性がますます指摘されています。多職種の連携は、「境界横断」とか「越境」といった概念であらわされることが多くなってきました。「境界横断」とは、普段は出会わないような人々とふれあうことで、お互いに（一緒にやるということ以上に）新たな学びがうまれるといった現象をあらわすもので、フィンランドのユーリア・エンゲストロームら（Engeström, Engeström & Karikainen 1995）をはじめとして、多くの研究者がその発展に関わっている概念です。境界が形成されるところには、「境界的オブジェクト」（Star & Griesemer 1989）と呼ばれる、両者を媒介するもの（例えば、少年のケース記録）があるといわれます。

私も、連携の必要性を認識しつつ、同時に、そのことが少年にとって良い効果をもたらさないことも起こりえると思います。大人たちがバラバラであれば、良い影響を及ぼすことはできないでしょう。子どもの問題が、実は、子どもをめぐる大人の問題でもあることがわかります。

第3・4章において、連携が膠着する状況では、バフチンのいう「モノローグ的状況」がうまれていることを指摘しました。第3章でコーディネーターのリツコ先生は、周囲の先生の対応に不満をもったり、理解されていないと感じ、自分と考えの近い数人の先生と、それ以外の先生とを区別しが

ちでした。第4章では少年補導職員と、学校とのあいだでも、学校の先生が警察を「重し」「抑止力」としてとらえることに対して、補導職員は自分たちの仕事が理解されていないと考えたり、丸投げにされていると感じ、他方で学校の先生は警察が自分たちの大変さをわかっていないと感じるというように、お互いが、連携がうまくいかないことの責任を他者に帰属していました。こうしたことは生徒（の行動記録）を媒介として、相互に排他的な「境界」を形成します。第3章のサトルの場合、リツコ先生のように生徒にとってのストレスを軽減しようとするモメントと、ダイキ先生のように、生徒を社会的枠組みに直面させていくモメントとの、どちらもが必要です。両者が相互に排他的な境界を形成している限り、サトルにとっての解決も望めないのです。

膠着した境界を壊していくためには、第一には複数の主体が、お互いのしていることや想いを見えるようにすることです。本書ではこれを「お互いが誰なのかを知る実践」と呼びたいと思います。例えば、第3章で、自分が抱え込みすぎていたことに気づいたリツコ先生が、生徒の記録ファイルをみんなが閲覧できるようにしたことや、第4章でカズ先生が意識的に警察との連絡を密にすることで、学校の先生たちの実を結ばない苦労が警察にみえるようにしたことなどは、典型的にこの実践といえます。

ただし、お互いが誰なのかを知るという実践は、こうした意識的な努力だけでなく、偶発的で、無意図的な要因によってもひきおこされます。第3章では、生徒がみせた思わぬ結果（勉強していたこと）がきっかけで、リツコ先生の他の先生への見直しがはじまりました。第2章で何人かの先生は、生徒がみせる姿から、生徒 - 先生という枠組みをこえて、人と人としての交流をし、そのことがその先生のその後の実践を変化させるきっかけになっていました。第5章において、先生たちの実践や想いが変わるのも、生徒と接するなかで、新たな生徒の姿を発見したことによります。生徒の姿から、心を動かされるようになることは多くの教育的場面においてみられることです。こうした変化が、周囲の大人同士の関係性も変えていきます。グティエレースら（Gutierrez, Baquedano-López, Tejeda 1999; Gutierrez, Rymes, Larson 1995）は、教室には教師が支配する「教師のスクリプト」とそこからはみでる「対抗スクリプト」があるといったうえで、この2つが意図せざる要因によって互いにつかの間結ばれあって、生徒にとって学びをうむような場面が出てくるといい、これを「第三空間」と名付けています。言ってみれば、これは教師が生徒をとりしきるのに失敗しているのですが、それが新たな学びの原動力でもありうるということです。X中学校の実践においても、教師のスクリプトと、対抗スクリプトの存在は確認できました。教師が生徒を教室にいれることに失敗したところで、アキらとの関係が深まったのは、ある意味で廊下が「第三空間」として機能したことをあらわしているといえます。

二者関係でのやりとりでいる限り、専門家同士が、お互いにうまくいかないことの責任をなすりつけあうことは生じてきます。「子どものケース会議」などと言いながら、その実、本当の子どもはそこにはおらず、参加者がそれぞれ「想像のなかの子ども」を代弁しあうことに終始するようなケース会議があります。みんなが自分のなかにある少年像を述べあっているにすぎず、参加者に共有される共通の地場はなかなかできあがりません。子どもの声を代弁するのではなく、子どもの存在がありありとみえてくるような事実をみつけることが大事でしょう。子どもと一緒に参加できる会議があってもいいでしょう。

しばしば、連携には「行動連携」が重要だといわれます。どう見立てるのかということよりも、短期的、中長期的にどのようなことがおこったらよいかを具体的に考え、それに向けて各参加者がやることを決めるというものです。これは実際に行動目標をたてること自体が大事だということもありますが、具体的な実践に即することで、本物の子ども像に迫れるということもあると思います。

異質なものが出会い、共存すること

境界を横断することは、互いにとって新たな学びをもたらします。イギリスで学校改革についての研究をすすめてきたアン・エドワーズ（Edwards 2005; Edwards et.al. 2009）は、多職種連携が成功するときの条件についてまとめていますが、彼女いわく子どもや若者の支援にたずさわる人々にとって重要なのは、（教師であれ、心理職であれ、ソーシャルワーカーであれ）他者との「関係に開かれている」ということです。エドワーズに言わせると専門家の主体性（エージェンシー）は、自分一人のなかで完結したものではなく、むしろ、他者との関係のなかでみつけていくものということになります。これを彼女は「関係性のなかにうまれる主体性（relational agency）」と名付けています。このような主体性をもつ専門家になるには、子どもに自分が単独で何をできるかということは必要条件ではあっても、十分条件ではありません。周囲の人があれをしているから自分はこれをするといったように、子どもの周囲にある人的、物的な資源に目配りをしながら、一人ひとりが自分ができることは何かと考えていくということが大事になってきます。

これは大人が一丸となっているということではありません。大人が一丸となることは、少年にとってよくないこともありえます。しばしば、連携のことを「ネットワーク」と表現することがありますが、ネットワークとは多くの場合、共通の目標を達するために複数のエージェントが協力しあうことを意味します。異質な意見や、相容れない意見は生き残りにくく、やがてネットワークがネットワークの存続のために作動することも稀ならずあると思います。このようであれば、ネットワークでは少年を立ち直らせることはできても、幸せにはできません。関係性に開かれるというのは、学校にとっては、これまでなかった異質な意見や見方が持ち込まれ、内部から変わっていくということです。

つまり、第3章におけるリツコ先生や、第4章における警察のように、これまでの学校にとって異質な存在を排除しない状態を保つことが大事なのです。第3章では、リツコ先生は最終的に自分の「抱え込み」に気づいたといえますが、このことは学校側からみれば、これまでどちらかというと浮いていたリツコ先生という存在が浮かなくなるという変化でもあります。生徒の気持ちがわかってしまったリツコ先生の視点をとりいれることによって、学校自体もまた、不適応な生徒にとって良い環境に変わることができたのだと思います。第4章では、警察と連携することで、学校では、これまでよりも教師として何ができるのかを、一人ひとりの教員が意識しはじめたというエピソードが多く聞かれました。しばしば、警察が生徒を逮捕するにいたる理由として「学校教育の枠組み（＝境界）を超えた」と言われますが、実際には、境界は最初から明確になっているわけではありません。むしろ、警察と学校という、互いにとっての異文化と出会うことで、再定義されるという側面があることがわかります。連携とは互いがうまくやることではないことに注意が必要です。

以上のことをふまえると、学校において反社会的問題行動をおこす生徒のレジリエンスは、反社会的な問題行動をする生徒と、一般の生徒、教師、あるいは他の専門職者とのあいだの関係が変わること、そして、専門職者同士の関係性が、その境界線上においてゆさぶられ、変化していく過程において育まれることがみえてきます。第5・6章におけるアキやコウヘイについても同じことがいえるでしょう。X中学校において、アキやコウヘイはもちろん変わりましたが、変わったのは彼らだけではありません。彼（女）らを起点として、担任の先生、生徒指導の先生、一般生徒たちといった周囲の人々が当たり前にもっていた境界線がゆさぶられ、人々の関係性の布置が変わっていくということです。

この境界線をゆさぶる力はどこからくるのでしょうか。これまでの各章で考えたことをふまえると、つまるところ生徒のことがよく見えてくる体験からであることがわかります。最初、怠学傾向の生徒、反社会的な問題行動をおこす生徒であったものが、実は、それだけではないということに気づくことから大人の側の視点の変化が導かれます。これからの学校は、これまでよりもっと生徒の声に耳をかたむけていく必要があるでしょう。

少年のことは少年にきいてみよう

少数の例外を除いて、反社会的な問題行動をする生徒自身も参加するケース会議はおこなわれていないのが現状です。その理由を考えてみると、子どもが参加することで、大人の側で、言いたいことが言えなくなったり、重要な決定がしにくくなるといった懸念が出ることが考えられます。たしかに、私自身こうした心配事に「そんなことはない」と言い切る自信はありません。しかしそこで懸念されていることが本当に根拠のあることなのか、一考の価値はあると思います。

第3章でとりあげた「オープン・ダイアローグ」は、統合失調症者を対象とした治療法ですが、その構造は患者、医療スタッフ、家族が一堂に会し、対話するというシンプルなものです。ここでの対話は、バフチンのいう対話が念頭におかれています。統合失調症者を、まともな判断能力のない人だとみなして、スタッフの意向を優先させるのではなく、統合失調症者にも独自の世界があって、それを知ろうとすることが大事だと考えるわけです。そういう理念ですので、例えば、統合失調症になったといえば、やはり入院した方がいいのではないかとか、薬を飲んだ方がいいのではないかと、周囲の人は当然思いますが、オープン・ダイアローグではそういう周囲の意見にあわせて患者を説得しようとするのではなく、思っていることを話してほしいという態度で話すわけです。統合失調症者は、妄想や幻覚のために、しばしば周囲の人がその発言を真面目に取り扱わなかったり、対等な対話相手と認めなかったりするといったことがおこりやすくなります。バフチンのいうモノローグ的な状況が維持される条件がそろっているわけです。

本書でとりあげられる少年も、ある意味では、統合失調症の人のように、まともな判断能力をもたない人であり、大人の意見を聞くべきだと考えられています。連携の会議に、少年が参加することがほとんどないのも、そうした少年と大人との関係性のためだとも考えられます。そして、それらは、まさに少年が「大人はそう考えるだろう」と思ってうんざりする考え方なのです。

ウンガー（2015/2006）は、レジリエンスを育てるうえでは、少年たちがどう思っているのか、子どもの真実の声を聞くことがはじまりであると考えています。私たちからみれば「問題」で、「脆弱性」を示すようにみえる若者たちの行動も、少なくとも若者たちの視点にたてばリスクをかかえた若者がなんとかサバイバルしようとする行為としてみることができるといいます。彼（女）らの意味づけを知ることなく、それらを止めさせようとしても効果はなく、むしろ「代わりを探す」方向性で若者と関わることが大事だといいます。

もっとも、ウンガーもまた少年たちは正しい判断をくだすために大人を必要とすると考えているのですが、不幸なことに、大人がどれだけ熱意をもって語りかけても、相手がそれを聞く耳をもたなかったら、何の意味もありません。そのようなわけで彼は「若者が抵抗をひきおこさないように語る」ことが重要だと言っています。大人がどんなに良かれと思って少年に話しても、少年はたいていそれを悪いように「脳内変換」してしまいます。例えば、大人が「君にはできるだけのことをしてあげたいんだ。君には幸せになってほしい」と述べたとすると、少年にはそれが「私のようになるために、私の言うことをきいてほしい。幸せになるというのは、私みたいに生活することだよ。間違ってるかい？　私みたいにするにはどうしたらいいか教えよう」と受けとられるといったようにです。こういう受けとり方をされるとしたら、もはや何を言っても通じるわけがないですね。

今日、日本でひろまりつつある毅然とした指導とは、当の少年たちが何を考えているのかをきき、どうすればいいのかともに思い悩むかわりに、少年をより大きなパワーで従えようということではないでしょうか。私たちは、自分が大事だと思うことを、少年が聞いてくれないと思えるときに、もっと大きな声でそれをとなえたい気持ちを抑えることが難しくなります。しかしながら、一度言ってダメなものは、二度言ってもダメだし、聞かないからといって大きな声で言ってもダメなものはダメなのだとあきらめることが肝心です。

パワーによる問題解決は、容易に文字通りのパワー（暴力）へと発展します。同じことをしても、相手が変わらないのだとしたら、変わるべきなのは私たちの方です。若者に変わることを求める前に、私たちこそ若者たちが直面している困難について教えてもらい、ともに解決を構築していく関係性をつくることからはじめるべきでしょう。

あとがき

逸脱する少年たちと、それに関わる大人たちの物語はここで一旦終わりです。

本書は前著『関係性のなかの非行少年』の出版後におこなってきた、学校を舞台とした一連の研究をまとめたものです。

重大な非行はもちろんのこと、逸脱行為、不良行為をする少年は、どうしたらそうした行為をやめさせることができるのか、更生させられるのかといった関心でみられることが多いですね。そして、そのためには、やはり、より強い力で、より厳しい態度で臨まなければ、少年は大人しくはならないというふうに考えがちです。私もどこかでそういう考えをもっていますし、そのような制限がやはり必要な場面はあります。とはいえ、暴言や暴力といったものは特に、ある面で、私たちと少年との関係性をあらわしていると思います。そもそも、大人しくなるということが少年が立ち直るということかというと、そうではないと思います。

その昔、ダウンタウンの松本人志が主演の『伝説の教師』というドラマがありました。主人公はこういうのです。「フンコロガシはおのれの気持ちで自発的にふんを転がすからこそフンコロガシであって、ふんを転がしたくないフンコロガシに無理矢理ふんを転がしなさいといってふんを転がさせたからといって、それは、フンコロガシではなく、フンコロガサセラレや」と。（そんなことが可能だとして）非行少年を強い力でねじふせれば大人しくなるかもしれません。でも、それってやっぱり

「フンコロガサセラレ」なんじゃないでしょうか。フンコロガシはなんのためにふんをころがすのでしょう。少年の行為は、それがたとえ社会規範に反していたとしても、少年らが生きていくために必要だったと考えれば、やめさせて終わりというわけにはいきません。少年らがそうすることで成し遂げたかったこと、さらに、その先にある幸せの実現を応援したいものです。

どうやって応援するか。私は、少年が生きていく上で学校がもっている影響は大きなものがあると思います。私にいろいろと教えてくださったある先生は、自分の学校の生徒指導の目指す姿を「セレソン」だと表現されました。セレソンとはサッカーのブラジル代表の愛称です。ちょうどブラジルがW杯で優勝し、史上最強といわれた頃でした。先生いわく、ブラジル代表はひとりひとりの選手の力量が高いだけでなく、ひとたび代表チームに集まればチームプレイに徹する。そういう風に自分たちもなりたいとおっしゃっていたのです。この言葉にあるように、学校というところは、先生方がつながり、まとまることなしには成立しない場所です。

個人的な印象ですが、とりわけ生徒指導的に課題をもつ学校ほど、先生方は仲がよく、一体感があるように思えました。もちろん、それはよいことばかりではないとも思います。少年の想いをおきざりにして、大人の都合だけで一致した「問題」にとりくんでいるとしたら、少年は大人しくなるかもしれませんが、少年が幸せにはなるとは思えません。反対に、「生徒のために」という想いをもっていても、それぞれの教師がみいだす「問題」が違いすぎていれば、支援はなりたちません。それが多くの人に葛藤や不信感をうんでしまうことも多くみてきました。こうなるとうまくいかないのは少年の逸脱行為のせいなのか、それとも対応する私たちの対応の仕方のせいなのか、よくわからなくなります。少年の「問題」と、それに対応する大人たちの関係性は分けられません。その意味で、少年の「問題」は、私たち大人たちの「問題」でもあります。

これはなにも学校に限らないでしょう。私たち社会全体の「問題」だとすら思います。少年の「問題」を憂う前に、少年が「問題」だという私たちこそ「問題」なのかもしれないと疑って、自身のあり方をふりかえり、みなおしていくことが重要だと思います。本書が、読者のみなさん一人ひとりのふりかえりのきっかけになったとしたら、とてもうれしく思います。

本書のもとになる研究に直接的、間接的にかかわってくださった多くの先生、少年たちに改めて感謝します。学校に参入しはじめた頃から、こんなふうに考えていたわけではありません。研究場面や臨床場面で出会った多くの先生方がおりにふれて私に教えてくださったこと、鋭い問題提起でもって対峙してくれた少年たちの存在が私の視点を鍛えてくれました。よくわからない存在である私をうけいれてくださり、学校にいることを許してくださり、問いかけに答えてくださった先生方の寛容さがなかったら、本書が完成することはなかったでしょう。本当にありがとうございました。

最後に、新曜社の塩浦暲さんには大変お世話になりました。前著『関係性のなかの非行少年』のときから、私の研究に興味をもってくださり、激励していただきました。遅々としてすすまない本書の執筆過程でも、おりにふれてさりげなく声をかけていただきました。バランスのとれた章構成にもご助言いただくなど、丁寧に編集をしていただきました。心から感謝いたします。

２０１９年７月

松嶋秀明

引用文献

阿部 彩 (2008). 子どもの貧困: 日本の不公平を考える. 岩波書店.

阿部 彩 (2011). 子ども期の貧困が成人後の生活困難（デプリベーション）に与える影響の分析. 季刊社会保障研究, *46*(4), 354 - 367.

赤木和重 (2018). わが国のインクルーシブ教育の進展と排除. 教育, *864*, 67 - 73.

Akiba, M., Shimizu, K., & Yue - Lin, Z. (2010). Bullies, victims, and teachers in Japanese middle schools. *Comparative Education Review, 54*, 369 - 392.

American Psychological Association Zero Tolerance Task Force (Ed). (2008). Are zero tolerance policies effective in the schools? An evidentiary review and recommendations. *American Psychologist, 63*, 852 - 862.

Bakhtin, M. (1995). ドストエフスキーの詩学.（望月哲男・鈴木淳一 訳）筑摩書房.

ベッテルハイム, B. (1968). 愛はすべてではない.（村瀬孝雄・村瀬嘉代子 訳）誠信書房. (Bettelheim, B. (1950). *Love is not enough*. Free Press.)

ブロンフェンブレンナー , U. (1996). 人間発達の生態学（エコロジー）: 発達心理学への挑戦.（磯貝芳郎・福富 譲 訳）川島書店. (Bronfenbrenner, U. (1979). *The ecology of human development*. Cambridge, MA: Harvard University Press.)

Centers for Disease Control and Prevention. (2009). *School connectedness: Strategies for increasing protective factors among youth*. Atlanta, GA: U.S. Department of Health and Human Services.

Centers for Disease Control and Prevention (Ed). (2011). *Fostering school connectedness. Staff Development Program: Facilitator's guide*. Atlanta: CDC.

Chapman, R., Buckley, L., Sheehan, M., & Shochet, I. M. (2011). The impact of school connectedness on violent behavior, transport risk - taking behavior, and associated injuries in adolescence. *Journal of School Psychology, 49*, 399 - 410.

Clandinin, D. J., & Connelly, F. M. (2000). *Narrative inquiry: Experience and story in qualitative research*. San Francisco: Jossey - Bass.

Connelly, F. M., & Clandinin, D. J. (2005). Narrative Inquiry. In J. Green, G. Camilli, & P. Elmore (Eds.). *Handbook of complementary methods in education research* (pp. 477 - 489). Washington, DC: American Educational Research Association.

コンラッド, P. & シュナイダー , J. (2003). 逸脱と医療化：悪から病いへ.（進藤雄三・近藤正英・杉田聡 訳）ミネルヴァ書房. (Conrad, P. & Schneider, J. (1992). *Deviance and medicalization: From badness to sickness*. Expanded Edition, Philadelphia: Temple University Press.)

Crosnoe, R., Erickson, K. G., & Dornbusch, S. M. (2002). Protective functions of family

relationships and school factors on the deviant behavior of adolescent boys and girls: Reducing the impact of risky friendships. *Youth and Society, 33*(4), 515 - 544.

土井隆義 (2010). 人間失格？：「罪」を犯した少年と社会をつなぐ（どう考える？ニッポンの教育問題）日本図書センター．

Edwards, A. (2005). Relational agency: Learning to be a resourceful practitioner, *International Journal of Educational Research, 43*, 168 - 182.

Edwards, A., Daniels, H., Gallagher, T., Leadbetter, J. & Warmington, P. (2009). *Improving inter - professional collaborations: Multi - agency working for children's wellbeing*. London: Routledge.

Engeström, Y., Engeström, R., & Karkkainen, M. (1995). Polycontextuality and boundary crossing in expert cognition: Learning and problem solving in complex work activities. *Learning and Instruction, 5*, 319 - 336.

Fallis, R. K., & Opotow, S. (2003). Are students failing school or are schools failing students? Class cutting in high school. *Journal of Social Issues, 59*(1), 103 - 119.

藤岡淳子 (2001). 非行少年の加害と被害: 非行心理臨床の現場から. 誠信書房.

古田 薫 (2002). バタラー 暴力嗜癖者の治療：少年院在院少年の被虐待経験の実態と教育・治療. アディクションと家族, *19*, 167 - 182.

ギアーツ, C. (1987). 文化の解釈学1, 2.（吉田禎吾・柳川啓一・中牧弘允・板橋作美訳）岩波書店. (Geertz, C. (1973). *The interpretation of cultures: Selected essays*. New York: Basic Books.)

グッドソン, I. (2001). 教師のライフヒストリー:「実践」から「生活」の研究へ.（藤井泰・山田浩之 編訳）晃洋書房.（著訳者の選による論文集）

Gutierrez, K., Baquedano - López, P., & Tejeda, C. (1999). Rethinking diversity: Hybridity and hybrid language practices in the third space. *Mind, Culture, and Activity, 6*, 286 - 303.

Gutierrez, K., Rymes, B., & Larson, J. (1995). Script, counter script, and underlife in the classroom: Brown, James versus Brown v. Board of Education. *Harvard Educational Review, 65*, 445 - 471.

橋本和明 (2004). 虐待と非行臨床. 創元社.

羽間京子 (2006). 非行等の問題行動を伴う生徒についての教師へのコンサルテーション：非行臨床心理の立場から. 千葉大学教育学部研究紀要, *54*, 119 - 125.

広田照幸・伊藤茂樹 (2011). 社会の変化と日本の少年矯正（課題研究 少子・高齢化社会における犯罪・非行対策－持続可能な刑事政策を目指して）：教育社会学の立場から. 犯罪社会学研究, *36*(0), 28 - 41.

法務省法務総合研究所編 (2016). 犯罪白書平成28年版. 日経印刷.

岩田美香 (2013).「非行少年」たちの家族関係と社会的排除. 大原社会問題研究所雑誌 (657), 19 - 31.

石黒広昭 (2016). 子どもたちは教室で何を学ぶのか：教育実践論から学習実践論へ. 東京大学出版会.

Jessor, R., Van Den Bos, J., Vanderryn, J., Costa, F. M., & Turbin, M. S. (1995). Protective factors in adolescent problem behavior: Moderator effects and developmental change. *Developmental Psychopathology, 31*, 923 - 933.

ジョーンズ, K. (2005). アメリカの児童相談の歴史（小野善郎 訳）明石書店. (Jones,K. (1999). *Taming the troublesome child: American families, child guidance, and the limits of psychiatric authority*. Cambridge: Harvard University Press.)

Kaplan, H. B. (1999). Toward an understanding of resilience: A critical review of definitions and models. In M. D. Glantz & J. L. Johnson (Eds.), *Resilience and development: Positive life adaptations* (pp. 17 - 84). New York: Kluwer Academic/Plenum.

加藤弘通・大久保智生 (2006).〈問題行動〉をする生徒および学校生活に対する生徒の評価と学級の荒れとの関係：〈困難学級〉と〈通常学級〉の比較から. 教育心理学研究, *54*, 34 - 44.

加藤弘通・大久保智生 (2009). 学校の荒れの収束過程と生徒指導の変化：二者関係から三者関係に基づく指導へ. 教育心理学研究, *57*, 466 - 477.

加藤弘通・太田正義 (2016). 学級の荒れと規範意識および他者の規範意識の認知の関係：規範意識の醸成から規範意識をめぐるコミュニケーションへ. 教育心理学研究, *64*, 147 - 155.

Kaufman, J., & Zigler, E. (1987). Do abused children become abusive parents? *American Journal of Orthopsychiatry, 57*, 186 - 192.

北 洋輔・田中真理・菊池武剋 (2008). 発達障害児の非行行動発生にかかわる要因の研究動向：広汎性発達障害児と注意欠陥多動性障害児を中心にして. 特殊教育学研究, *46*, 163 - 174.

国立教育政策研究所 (2012). 生徒指導リーフ leaf 1. 生徒指導って何？. 文部科学省.

国立武蔵野学院 編 (2000). 児童自立支援施設入所児童の被虐待経験に関する研究（アンケート調査を視点にして）. 国立武蔵野学院.

近藤邦夫 (1994). 教師と子どもの関係づくり：学校の臨床心理学. 東京大学出版会.

久冨善之 (1994). 教師と教師文化：教育社会学の立場から. 稲垣忠彦・久冨善之 編. 日本の教師文化 (pp. 3 - 20). 東京大学出版会.

紅林伸幸 (2007). 協働の同僚性としての《チーム》：学校臨床社会学から. 教育學研究,*74*, 174 - 188.

レイヴ, J. & ウェンガー , E. (1993). 状況に埋め込まれた学習: 正統的周辺参加.（佐伯胖 訳）産業図書. (Lave, J. & Wenger, E. (1991). *Situated learning: Legitimate peripheral participation*. New York, N.Y: Cambridge University Press.)

リンギス, A. (2006). 何も共有していない者たちの共同体.（野谷啓二 訳）洛北出版.

(Lingis, A. (1994). *The community of those who have nothing in common*. Indiana University Press.)

Liu, J., & Miyazawa, S. (eds.) (2018). *Crime and justice in contemporary Japan, Springer Series on Asian Criminology and Criminal Justice Research*. Springer.

Luther, S., Cicchetti, D., & Becker, B. (2000). The Construct of Resilience: A Critical Evaluation and Guidelines for Future Work. *Child Development, 71*(3), 543 - 562.

Masten, A. (2016). Resilience in developing systems: The promise of integrated approaches. *European Journal of Developmental Psychology, 13*(3), 297 - 312.

Masten, A., Best, K., & Garmezy, N. (1990). Resilience and development: Contributions from the study of children who overcome adversity. *Development and Psychopathology. 2*, 425 - 444.

松木健一 (2010). 教師教育における教師の専門性の捉え直し：福井大学教職大学院の取組を中心に. 教師教育研究, *3*, 3 - 13.

松浦直己・橋本俊顕・十一元三 (2007). 少年院におけるLD、AD/HD スクリーニングテストと逆境的小児期体験（児童虐待を含む）に関する調査：発達精神病理学的視点に基づく非行の risk factor. 児童青年精神医学とその近接領域, *48*, 583 - 598.

耳塚寛明 (2007). 教育における格差：学力格差の実態と政策課題. 教育展望, *53*(1), 30 - 38.

水野治久・家近早苗・石隈利紀 編 (2018). チーム学校での効果的な援助：学校心理学の最前線. ナカニシヤ出版.

文部科学省 (2006). 児童生徒の規範意識の醸成に向けた生徒指導の充実について（通知）(http://www.mext.go.jp/a_menu/shotou/seitoshidou/04121502/052.htm)

文部科学省 (2015). チームとしての学校の在り方と今後の改善方策について（答申）(http://www.mext.go.jp/b_menu/shingi/chukyo/chukyo0/toushin/__icsFiles/afieldfile/2016/02/05/1365657_00.pdf)

文部科学省 (2016). 平成29年度. 児童生徒の問題行動等生徒指導上の問題に関する調査結果について. (http://www.mext.go.jp/b_menu/houdou/30/10/__icsFiles/afieldfile/2018/10/25/1410392_1.pdf)

森田展彰・鈴木志帆 (2007). 児童自立支援施設入所児童に対する Disorders of Extreme Stress Not Otherwise Specified. (DESNOS) 評価の試み. 臨床精神医学, *36*(9), 1191 - 1201.

村山正治 (2004). 学校臨床活動の多様性. 教育と医学, *52*, 288 - 296.

内閣府 (2015). 世論調査：少年非行に関する世論調査. (https://survey.gov - online.go.jp/h27/h27 - shounenhikou/index.html)

西野泰代・氏家達夫・二宮克美・五十嵐 敦・井上裕光・山本ちか (2009). 中学生の逸脱行為の深化に関する縦断的検討. 心理学研究, *80*, 17 - 24.

小保方晶子・無藤 隆 (2005). 親子関係・友人関係・セルフコントロールから検討した中学生の非行傾向行為の規定要因および抑止要因. 発達心理学研究, *16*, 286-299.
小保方晶子・無藤 隆 (2006). 中学生の非行傾向行為の先行要因：1学期と2学期の縦断調査から. 心理学研究, *77*, 424-432.
大原天青・楡木満生 (2008a). 児童自立支援施設入所児童の行動特徴と被虐待経験の関係. 発達心理学研究, *19*, 353-363.
大原天青・楡木満生 (2008b). 児童自立支援施設入所児童の被虐待経験と非行の関係. カウンセリング研究, *41*, 193-203.
Ohara, T. & Matsuura, N. (2015). The characteristics of delinquent behavior and predictive factors in Japanese children's homes. *Children and Youth Services Review, 61*, 159-164.
岡邊 健 (2010). 再非行の危険因子と保護因子. 青少年問題, *57*(夏季), 8-13.
岡邊 健 (2013). 現代日本の少年非行：その発生態様と関連要因に関する実証的研究. 現代人文社.
大迫秀樹 (2003a). 虐待を受けた子どもに対する環境療法：児童自立支援施設における非行傾向のある小学生に対する治療教育. 発達心理学研究, *14*, 77-89.
大迫秀樹 (2003b). ネグレクトを背景に非行傾向を示すようになった児童に対する入所施設での環境療法. 心理臨床学研究, *21*, 146-157.
Patton, G. Bond, L., Carlin, J., Thomas, L. Butler, H., Glover, S., Catalano, R., & Bowes, G. (2006). Promoting social inclusion in schools: A group-randomized trial on student health risk behavior and well-being. *American Journal of Public Health, 96*(9), 1582-1587.
Resnick, M., Bearman, P., Blum, R., Bauman, K., Harris, K., Jones, J. et al. (1997). Protecting adolescents from harm: Findings from the National Longitudinal Study on Adolescent Health. *Journal of the American Medical Association, 278*(10), 823-832.
Sacks, H. (1972). An initial investigation of the usability of conversational data for doing sociology. In D. Sudnow (Ed.), *Studies in social interaction* (pp. 31-74). New York, N.Y: Free Press.
斎藤 環 (2012). 世界が土曜の夜の夢なら：ヤンキーと精神分析. 角川書店.
酒井 厚・菅原ますみ・木島伸彦・菅原健介・眞榮城和美・詫摩武俊・天羽幸子 (2007). 児童期・青年期前期における学校での反社会的行動と自己志向性：短期縦断データを用いた相互影響分析. パーソナリティ研究, *16*, 66-79.
さらば青春の光 (2015).『更生』単独公演『野良野良野良野良』より (https://www.youtube.com/watch?v=2guw6B7VAtU)
ショーン, D. (2007) 省察的実践とは何か：プロフェッショナルの行為と思考.（柳沢 昌一・三輪建二 監訳）鳳書房. (Schön, D. (1983). *The reflective practitioner: How professionals think in action*. Basic Books.)

セイックラ, J., アーンキル, T. (2016). オープンダイアローグ.（高木俊介・岡田愛訳）日本評論社. (Seikkula, J. & Arnkil, T. (2006). *Dialogical meetings in social networks (Systematic Thinking and Practice Series)*. Karnac Books.)

芹田卓身 (2011). 少年非行対策における学校と警察の連携：現状と課題. 名古屋大学大学院教育発達科学研究科紀要. 心理発達科学, *58*, 119 - 128.

芹田卓身 (2018). スクール・サポーターから見た中学校の変化のプロセスについて：学校と警察の連携による授業抜け出し, 暴力の変化について. 犯罪心理学研究. *55*(2), 15 - 27.

嶋崎政男 (2007). 生徒指導の新しい視座：ゼロトレランスで学校は何をすべきか. ぎょうせい.

庄司順一 (2009). リジリエンスについて. 人間福祉学研究, *2*(1), 35 - 47.

生島浩 (2003). 非行臨床の焦点. 金剛出版.

Star, S., & Griesemer, J. (1989). Institutional ecology, 'Translations' and boundary objects: Amateurs and professionals in Berkeley's Museum of Vertebrate Zoology, 1907 - 39. *Social Studies of Science, 19*(3), 387 - 420.

杉山登志郎 (2007). 子ども虐待という第四の発達障害（学研のヒューマンケアブックス). 学研.

Sullivan, M., & Knutson, F. (2000). Maltreatment and disabilities: A population - based epidemiological study. *Child Abuse and Neglect, 24*, 1257 - 1273.

諏訪哲二 (1998). 学校に金八先生はいらない. 洋泉社.

鈴木大裕 (2016). 崩壊するアメリカの公教育：日本への警告. 岩波書店.

高嶋雄介・須藤春佳・高木綾・村林真夢・久保明子・畑中千紘・重田 智・田中史子・西嶋雅樹・桑原知子 (2007). 学校現場における事例の見方や関わり方にあらわれる専門的特徴. 心理臨床学研究, *26*, 204 - 217.

田中康雄 (2011). 発達支援のむこうとこちら. 日本評論社.

坪井裕子 (2005). Child Behavior Checklist/4 - 18 (CBCL) による被虐待児の行動と情緒の特徴：児童養護施設における調査の検討. 教育心理学研究, *53*, 110 - 121.

恒吉僚子 (1992). 人間形成の日米比較：かくれたカリキュラム. 中公新書.

内田樹 (2005). 先生はえらい. 筑摩書房.

ウンガー , M. (2015). リジリアンスを育てよう：危機にある若者たちとの対話を進める６つの戦略.（松嶋秀明・奥野 光・小森康永 訳). 金剛出版. (Ungar, M. (2006). *Strengths - based counseling with at - risk youth*. Thousand Oaks, CA: Corwin Press.)

Ungar, M. (Eds.) (2012). *The social ecology of resilience: A handbook of theory and practice*. Springer.

U. S. Department of Health and Human Services. (2001). *Youth violence: A report of the surgeon general*. Rockville, MD: U.S. Department of Health and Human Services. (https://www.

ncbi.nlm.nih.gov/pubmed/20669522)
Werner, E., & Smith, S. (1982). *Vulnerable but invincible: A longitudinal study of resilient children and youth*. NY: McGraw - Hill.
Werner, E. E., & Smith, R. S. (1992). *Overcoming the odds: High risk children from birth to adulthood*. Ithaca, NY: Cornell University Press.
Werner, E., & Smith, S. (2001). *Journeys from childhood to midlife: Risk, resilience, and recovery*. NY: Cornel University Press.
ホワイト, M. (2004). セラピストの人生という物語（小森康永 監訳）金子書房. (White, M. (1997). *Narratives of therapists' lives*. Adelaide, South Australia: Dulwich Centre Publications.)
ホワイト, M. (2007). ナラティヴ・プラクティスとエキゾチックな人生（小森康永 監訳）金剛出版. (White, M. (2005). *Narrative practice and exotic lives: Resurrecting diversity in everyday life*. Adelaide, South Australia: Dulwich Centre Publications.)
ホワイト, M. & エプストン, D. (2017). 物語としての家族［新訳版］（小森康永 訳）金剛出版. (White, M., & Epston, D. (1990). *Narrative means to therapeutic ends*. New York: W. W. Norton.)
ウィンズレイド, J. & ウィリアムズ, M. (2016). いじめ・暴力に向き合う学校づくり：対立を修復し、学びに変えるナラティヴ・アプローチ.（綾城初穂 訳）新曜社. (Winslaide, J. & Williams, M. (2012). *Safe and peaceful schools: Addressing conflict and eliminating violence*. Corwin. SAGE.)
やまだようこ 編 (2000). 人生を物語る：生成のライフストーリー . ミネルヴァ書房.
やまだようこ 編 (2007). 質的心理学の方法：語りをきく. 新曜社.
山本宏樹 (2015). ゼロ・トレランス教育論の問題圏：訓育・法治・排除の共振と闘争. 人間と教育, *85*, 28 - 35.
山本宏樹. (2018). 校則・スタンダードに法と科学を：法治型ゼロトレランスと「管理教育2.0」. 教育 (872), 13 - 21.
安田裕子・サトウタツヤ 編 (2012). TEM でわかる人生の径路：質的研究の新展開. 誠信書房.
ヤング, J. (2007). 排除型社会：後期近代における犯罪・雇用・差異.（青木秀男・伊藤泰郎・岸政彦・村澤真保呂 訳) 洛北出版. (Young, J. (1999). *The exclusive society: Social exclusion, crime and difference in late modernity*. London: SAGE Publications.)
全国社会福祉協議会 (2009). 子どもの育みの本質と実践：社会的養護を必要とする児童の発達・養護過程におけるケアと自立支援の拡充のための調査研究事業. 全国社会福祉協議会.

著者プロフィール

松嶋秀明（まつしま　ひであき）

1972年滋賀県生まれ。2003年、名古屋大学教育発達科学研究科博士後期課程修了。博士（教育学）。臨床心理士。

現在、滋賀県立大学人間文化学部人間関係学科教授。専門は臨床心理学（学校領域、犯罪・非行領域）。

主な著訳書に『関係性のなかの非行少年 ── 更生保護施設のエスノグラフィーから』（新曜社）、『リジリアンスを育てよう ── 危機にある若者たちとの対話を進める6つの戦略』（共訳、金剛出版）がある。

新曜社

少年の「問題」／「問題」の少年
逸脱する少年が幸せになるということ

初版第1刷発行　2019年9月1日

著　者　松嶋秀明
発行者　塩浦　暲
発行所　株式会社　新曜社
101-0051　東京都千代田区神田神保町3－9
電話 (03)3264－4973 (代)・FAX (03)3239－2958
e-mail : info@shin-yo-sha.co.jp
URL : https://www.shin-yo-sha.co.jp

組　版　Katzen House
印　刷　新日本印刷
製　本　積信堂

ISBN978-4-7885-1642-7 C1011